The Richest Man In Babylon

George S. Clason

富有的方法

[美]乔治·克拉森 著

金朗 译

 浙江教育出版社·杭州

只 为 优 质 阅 读

好
读
Goodreads

关于本书

本书是一本满是以古巴比伦为背景的寓言的个人理财经典之作。它物美价廉，予人启迪，并且给出了一些关于如何处理我们与金钱的关系的建议。

为了传达其观点，作者乔治·克拉森（George Clason）将带我们走入古巴比伦——那里曾经居住着古时最富有的一些人。他们深谙货币的价值，并且在经济和投资实践中表现卓越。

有个事实很令人震惊——古巴比伦是个自然资源匮乏之地，其城邦所有的繁华都是人为创造的。古巴比伦的富庶源于其人民的能言善辩及积极提升价值的能力。

关于作者

乔治·克拉森于 1874 年 11 月 7 日出生于美国密苏里州的圣路易斯市。他曾就读于内布拉斯加大学（University of Nebraska），并在美西战争（Spanish-American War）[①]期间服役于美国陆军。其漫长的职业生涯起始于出版界——他曾在科罗拉多州丹佛市创建了一家名为"克拉森地图"的公司，美国和加拿大的首本公路地图册就是该公司出版的。1926 年，他发表了著名的关于勤俭致富的寓言系列丛书的第一本。在该书中，他借用以古巴比伦为背景的寓言来阐述其各项观点。该系列丛书为银行和保险公司大量分发，并且被数百万人所熟知，其中最著名的一本即为本卷。作者笔下的这些"巴比伦寓言"业已成为现代励志书籍中的经典之作。

[①] 美西战争（Spanish–American War）：1898 年，美国为了夺取西班牙在美洲的殖民地古巴、波多黎各以及其在亚洲的殖民地菲律宾而发动的战争。

前言

国之繁荣在于藏富于民。

本书是一本关于个人成功的书。成功的含义是我们靠自己的努力和能力而获得成就。工欲善其事，必先利其器。行动受制于思想，而思想又受制于理解。本书可以被视作一本帮助人们理解理财的指南，旨在帮助人们摆脱囊中羞涩的困境。这确实是本书的宗旨：给予那些立志要实现财务自由的人某种启迪，帮他们实现赚钱、攒钱以及钱生钱的目标。

在接下来的章节里，我们将和作者一起回到古巴比伦——那个孕育了基本理财原则的摇篮，而那些原则时至今日仍然广受世界认可并被广为沿用。

对于新读者而言，作者乐于借此书为其带去一些启示，希望他们借以收获更鼓的荷包、更大的财务自由。作者也希望本书能够帮助那些来自各地的热情读者解决其所反馈的棘手的个人财务问题。

一些企业高管一直在向其朋友、亲属、雇员及同事大量分发这本书，作者想借此机会向他们表示感谢。从业者对本书观点的支持和赞同是对本书最高的赞美，因为他们亲自践行了本书所倡导的原则，并且取得了令人瞩目的成功。

巴比伦之所以能成为古时候世界上最富有的城市，是因为那里的居民在其时代富甲一方，他们懂得货币的价值，他们通过践行完备的理财原则而得以赚到钱，存下钱，并且实现了钱生钱。他们为自己供应了我们所有人都想要的东西——未来的收入。

目录

1

第一章

巴比伦富有的人

在历史的长卷中，没有哪座城市比巴比伦更具魅力。其名字使人联想到财富和辉煌；黄金珠宝之美，令人称奇。人们自然会认为这座如此富庶的城市一定是坐落于环境宜人的热带，并为丰富的森林、矿产等自然资源所环绕。然而，事实并非如此。它实则位于幼发拉底河畔的一个平坦而干旱的山谷里。别说森林和矿藏了，那里连建筑用石都没有，甚至都不处于自然形成的贸易路线上。其降雨量也不足以种植庄稼。

巴比伦这个杰出的例子表明，人类拥有以一切可用的方法达成伟大目标的能力。支撑起这座大城市的所有资源都是人类所开发的，其所有财富都是人类所创造的。

巴比伦仅有两种自然资源：沃土与河水。巴比伦的工程师们用水坝和巨大的灌溉渠来引导河水的流向，这是当时（甚至任何其他时候）最伟大的工程成就之一。这些灌溉渠从远处穿过干旱的山谷，把生命之水浇灌在肥沃的土地上。这是人类有史以来最早的工程壮举之一。该灌溉系统是世上前所未有的，其回报则是庄稼的丰收。

在其长期的存续过程中，巴比伦为数任国王所统治。幸运的是，对他们来说，征服和掠夺仅是偶然。虽然巴比伦屡次卷入战争，但其中大多数战争是地方性的，抑或是以防御那些觊觎巴比伦奇珍异宝的其他国家的野心征服者为目的的。巴比伦杰出的统治者们因其智慧、进取心和公正而永载史册。巴比伦没有一个君主是趾高气扬的，没有一个君主试图去征服已知的世界以让所有国家臣服于其利己主义。

巴比伦作为一座城市已经不复存在了。当几千年来建造和维护这座城市的那些充满活力的劳动人民撤走时，它很快就变成了一片荒芜的废墟。这座城市地处亚洲，位于波斯湾以北，苏伊士运河以东约六百英里处。其纬度在赤道以北三十度左右，几乎等同于亚利桑那州尤马市（Yuma，Arizona）的纬度。其气候与这个美国城市相似，炎热而干燥。

幼发拉底河流域曾经是一个人口众多的农业灌溉区，而如今它却成了一片风大干旱的荒芜之地。零星的杂草和沙漠灌木在风沙中挣扎生存着。肥沃的土地、巨型的城邑和满载着丰富商品的大篷车队都已消失了。靠小规模放牧勉强维持生计的阿拉伯游牧民族成了这里唯一的居民。从基督教时代开启时就已是如此。

一些土丘点缀着这片山谷。几个世纪以来，它们都为旅行者所忽视。然而，由于陶器和砖瓦的碎片被偶然的暴雨冲至此地，考古学家们的注意力终被吸引到了这些土丘上。由欧洲和美国博物馆资助的探险队被派到这里进行考古挖掘，看看是否能找到些什么。镐和铲子很快就被挖掘出来，这证明这些土丘之下曾是古老的城市。这些土丘也许大可以被称为城市之墓。

巴比伦就在其列。历经二十个世纪的岁月，所有用砖砌成的裸露墙体都已瓦解，在风沙的席卷之下重归尘土。一度富庶的巴比伦城如今亦是如此。巴比伦化作了一抔被遗忘许久的尘土，在人们小心地移开街道上几个世纪以来的废物及其高贵的庙宇和宫殿的残骸之前，没有任何活着的人知道它的名字。

许多科学家都认为，巴比伦及这个山谷中的其他城市文明是有明确记载的最古老的文明。事实证明，其年代可以追溯到八千年前。

有一件与之相关的事很有趣，这件事是关于用以确定其年代的方法的。人们在巴比伦的废墟中发现了关于日食的描述。现代天文学家们轻而易举就计算出了在巴比伦能观测到的那次日食发生的时间，从而在巴比伦历法和我们的历法之间建立了一种已知的联系。

这样一来，我们就证明了早在八千年前，住在巴比伦尼亚的苏美尔人（Sumerites）①就已居住在有城墙的城邑里了。至于这样的城邑到底存了多少个世纪，人们也只能靠猜测。其居民并不是居住在护墙之内的野蛮人，他们是受过教育的、开明的人。据史料记载，他们是第一批工程师、第一批天文学家、第一批数学家、第一批金融学家以及最先拥有文字语言的人。

如上文所述，灌溉系统已将干旱的河谷变成农耕的天堂。流沙之下仍能寻到那些管道的残骸。其中，一些管道规模巨大，如果里面没有水，它们的底部甚至能容得下十二匹马并驾齐驱。就规模而言，它们能与科罗拉

---

① 苏美尔人是两河流域的早期定居者，他们建立的文明是整个美索不达米亚文明中最古老的。

多州和犹他州最大的管道相媲美。

除了灌溉河谷土地，巴比伦的工程师们还完成了另一个类似规模的项目。他们通过精心设计的排水系统在幼发拉底河（Euphrates River）和底格里斯河（Tigris River）的河口处开垦了大片沼泽地，并亦将其用于耕种。

希腊旅行家和历史学家希罗多德（Herodotus）曾游历过全盛时期的巴比伦，并且为我们留下了仅有的来自外来者对其的描述。他的作品生动地描述了这座城市及其人民的一些不同寻常的习俗。他还提到了那里肥沃的土壤以及那里所种植的小麦和大麦的丰收。

巴比伦的荣耀已经逝去，但它的智慧却留存了下来。为此，我们得感谢他们的记录——在那个遥远的时代，纸张还尚未被发明出来。巴比伦人只能费力地将文字刻在潮湿的黏土上，完成后再将其烘干使之变为泥板。这样一来，文字便留在了这些硬泥板上面。这些泥板的尺寸为七英寸到八英寸见方，厚度约为一英寸。

古时人们就用这些泥板来进行文字记录，就如同我们现代人用纸笔进行书写一样。这些泥板上面刻着传说、诗歌、历史、皇家法令、土地法令、财产所有权、期票，甚至还有由信使送到其他遥远城市的信。从这些泥板中，我们甚至能一窥人们的私事。例如，一块泥板明显是属于一位乡村店主的，他在泥板上做了以下记录：在某个日期，一位特定姓名的顾客带来了一头牛，并用它换了七袋小麦，其中三袋当场交付，另外四袋等顾客需要时再交付。

这些泥板安然地埋藏于这座城市的断壁残垣之下，如今，考古学家已经找到了数以万计的这样的泥板。

巴比伦的一大奇观是环绕着它的高大城墙。古人将其与埃及大金字塔等并列为"世界七大奇迹"。该城的第一座城墙被认为是为其历史早期的塞米拉米斯女王（Queen Semiramis）所修筑的。现代考古挖掘一直无法找到任何原始墙壁的残垣，其确切高度也不得而知。据早期作家描述，估计那些城墙有五十到六十英尺高，用烧焦的砖块砌成，并为一条深深的护城河所环绕。

后来，纳波普拉萨国王在基督诞生前约六百年修建了更著名的城墙。但是，由于这个重建的工程太宏大了，他没能看到其完工便撒手人寰。于是，这一任务落在了其子尼布甲尼撒（Nebuchadnezzar）的肩上，他的名字在关于《圣经》的历史中常被提及。

后来重建的城墙的高度和长度令人难以置信。据可靠记载，它们大约有一百六十英尺高，其高度相当于一座现代化的十五层办公楼；其总长度估计在九到十一英里，以至于一辆由六匹马拉的战车都能绕着内墙转。然而，这座宏伟的建筑如今已不复存在了，仅留下部分地基和护城河。除了岁月的摧残，这座城墙被阿拉伯人彻底破坏了——阿拉伯人把这里的砖搬走用于其他建筑了。

巴比伦城曾经俨然是一座现代都市，那里有街道和商店。商贩们在住宅区销售商品；牧师们在宏伟的庙宇里主持仪式。城内有一座皇家宫殿，它有自己的围墙——据说这内围墙比这座城市的外围墙还要高。

巴比伦人在工艺方面颇有造诣——他们擅长雕塑、绘画、编织、黄金加工以及金属武器和农具的制造。巴比伦的珠宝商制造出了极具艺术性的珠宝。巴比伦富人的古墓中出土过很多这样的珠宝样本，而如今它们被展览于世界上一些主要的博物馆中。当世界其他地区的人们还在用石斧砍树，或用石矛和石箭进行狩猎和战斗时，巴比伦人早就在使用金属的斧头、矛和箭了。

巴比伦人是聪明的金融家和商人。据我们所知，他们是作为交换媒介的货币、本票和书面产权证明的最初发明者。

在那个靠武力东征西略的年代里，几乎每一位屡屡获胜的征服者都曾试图派遣军队去征战巴比伦。许多国王都曾围攻过巴比伦，却都徒劳而返。在那时，入侵巴比伦的军队的实力是不容小觑的。历史学家说，曾有一支入侵巴比伦的军队有一万名骑兵，两万五千辆战车，以及一千二百个步兵团（每个步兵团中有一千人）。这些军队通常需要提前两三年就开始在征战路线上进行物资准备和粮草部署。

直到基督诞生前大约五百四十年，试图入侵巴比伦的军队都从未进入过这座城市。巴比伦的陷落是个很不寻常的故事。居鲁士（Cyrus）[①]是那个时期伟大的征服者之一，他打算攻打这座城市，并希望能够摧毁其坚不可破的城墙。当时的巴比伦国王那波尼德斯（Nabonidus）的大臣们劝他出去迎战居鲁士，别等到城市被包围再去应战。随后，巴比伦战败，军队四散，这座城市失守。于是，居鲁士踏入了城门大开的巴比伦，毫无阻力地占领了这座城市。即便在这座城市最终沦陷之时，巴比伦

① 居鲁士指居鲁士大帝（Cyrus the Great），他是古波斯帝国的缔造者。

的外围墙仍岿然不动。

此后，这座城市的实力和威望逐渐减弱。几百年后，它被人们遗弃，并且变得荒芜。肆虐的风沙摧毁了那些宏伟的建筑，这座城市再次归为沙漠，一如建城之前的模样。虽然巴比伦已经灭亡，无法复活，但其文明却源远流长。

光阴似箭，斗转星移，当初庙宇的高墙如今已归为尘土。然而，巴比伦的智慧却经受住了时间的考验而流传下来。

金钱是衡量世俗成功的媒介。

金钱使人们能享有尘世间最好的东西。

获取金钱的法则很简单，那些深谙此道的人从不缺钱。

六千年前，巴比伦的街道上满是富翁。六千年后，获取金钱的法则仍与当年无异。

第二章

渴望财富的人

巴比伦的造战车工匠班瑟感到彻底失望了。他坐在自家房子的矮围墙上，悲伤地凝视着自己简朴的家和露天的作坊，作坊里停放着一辆没做完的战车。

他的妻子会经常来到敞开的门前，窥他一眼，提醒他家里快断粮了，让他赶快拿起工具凿削，进行抛光和喷漆，拉紧战车轮边缘的皮革，赶紧把战车做完并做好送货的准备，因为只有这样他才能从富有的买家那里拿到货款。

然而，他还是呆呆地坐在院墙上，丝毫没有要挪动他那健硕的身体的意思。他那愚钝的脑袋正在思考一个令其百思不得其解的问题。

幼发拉底河河谷所特有的热带阳光无情地烧灼着

他的皮肤，他的额头上沁出了汗珠，继而悄然淌下，消失在他胸前那毛茸茸的"丛林"里。国王宫殿那高高的围墙就矗立在他家前面，而耸入云霄的贝尔彩塔也就在附近。

在这些宏伟建筑的映衬下，他的家显得极为简陋，但还有一些房子比他家的房子还要破落和寒酸。巴比伦就是如此——繁华与破败、炫目的财富与极度的贫穷混杂在一起，杂乱无序地拥挤在城墙之内。

如果他转身向后看一看的话，就会看到富人的豪华战车、穿草履的商人和赤脚的乞丐推拥在一起，共同制造出城市的喧嚣。但当"服务于国王"的运水奴隶的长队经过时，连富人的战车都不得不躲到沟里，为其让路。每个奴隶身上都背着一个用山羊皮做的重重的盛水容器，这些水是用来浇灌"空中花园"的。班瑟全神贯注于对自己的问题的思考，全然没有注意到繁华城市的喧嚣。这时，他所熟悉的莱雅琴（Lyre）①的琴声意外地响起，把他从白日梦中唤醒。他转过身，看到了他那生性敏感

---

① 莱雅琴：这是一种古代希腊人发明的乐器，也是西方最早的拨弦乐器。它的琴身用龟壳或木头制成，两端有角（或木制琴臂）以横木相连，弦线数量为3—12根不等，音色酷似竖琴，现已消失。——译者注

的最要好的朋友科比的笑脸。科比是一位音乐家。

"愿神灵们慷慨地保佑你，我的好朋友！"科比精心地敬了个礼，"然而，他们似乎已经待你不薄了，你已经不必劳作了。我们都该为你的财富而感到欣喜。更重要的是，我们应该分享。你的钱包一定是鼓鼓的，要不然你早就在店里忙碌了。求你借给我两个不起眼的锡克尔（Shekels）②吧，今晚贵族的宴会一结束我就归还。在它们被归还之前，你是不会想念它们的。"

"如果我真的有两个锡克尔，"班瑟沮丧地回答，"我是不会借给任何人的——即使是你，我最好的朋友。因为它们是我的财富——我的全部财富。没有人会把他的全部财富借出去的，即使是借给他最好的朋友。"

"什么？"科比万分惊讶地喊道，"你的钱包里一个锡克尔也没有，那你还像一尊雕像那样坐在墙上？你为什么不去完成那辆战车呢？你还能通过什么别的方式去满足你那高尚的欲望吗？你从前可不像这样，我的朋友。你无尽的能量在哪儿？有什么事使你苦恼吗？神灵们带给你麻烦了吗？"

---

② 锡克尔：古代银币。

"这一定是来自上帝的折磨。"班瑟表示认同，"这是从一个梦开始的——一个毫无意义的梦。在梦中，我以为自己是个有钱人。我的腰带上挂着一个漂亮的钱包，里面装满了硬币——有些是我随意扔给乞丐的锡克尔；有些是我用来给我的妻子买衣服以及给自己添置些想要的东西的银币；还有些是金币，这些金币让我对未来充满信心，从而能安心地花银币。我的内心有着一种光荣的满足感！我不再是你所认识的那个勤劳的朋友，而我的妻子也不再是你所认识的她——她没了皱纹，脸上洋溢着幸福，俨然又变回了我们早年结婚时的那位面带微笑的少女。"

"确实是一个美梦，"科比评论道，"但是，为什么它激起的这种愉快的感觉会把你弄得像是墙上的一尊面带忧郁的雕像似的呢？"

"为什么？确实，因为当我醒来后，我想起了我那空空如也的钱包，这令我产生一种被背叛的感觉。让我们一起来讨论一下，因为正如水手们所说，我们同舟共济。在少年时代，我们一起去牧师那里学习智慧；在青年时代，我们分享彼此的快乐；现在人到中年，我们仍然是亲密无间的朋友。我们一直都属于那类知足常乐的人。我们满足于长时间工作和可自由支配的收入。在过去的岁月里，我们赚了很多钱，但至于财富带来的快乐，我们只有在做梦的时候才能感受到。呸！我们比蠢笨的羊强多少呢？我们生活在世界上最富有的城市，旅行者们说没有哪座城市在财富方面能与巴比伦相匹敌。我们从事的行当能够展示财富，但我们自己却没积累下来任何财富。经过半辈子的辛苦劳作，你，我最好的朋友，钱包空了，来对我说，'可以借我点儿小钱吗，比如两个锡克尔？今晚贵族的宴会一结束就如数归还'。那么，我该如何回答呢？我是不是该说，'这是我的钱包'。我很高兴去分享钱包里的东西吗？不是的，我承认我的钱包和你的一样空。这到底是怎么回事？为什么我们仅能做到遮体果腹，却没能攒下任何金银呢？"

"同样，想想我们的儿子们，"班瑟接着说道，"他们会步父辈的后尘吗？他们和他们的家人、他们的儿子和他们的儿子的家人是否能锦衣玉食地度过一生？还是也会像我们一样，满足于仅以酸羊奶和粥果腹？"听完这番话，科比感到困惑不已，"我们做了这么多年的密友，我之前可从来没听你这样说过话。"

"这么多年来，我从来没有这样想过。从拂晓黎明到夜幕降临，我一直在努力建造最精良的战车，由衷地希望有一天诸神会认可我的功绩，从而赐给我巨大的财富。但他们从来没有这样做过。最后，我意识到他们永远也不会这样做。因此，我很伤心。我希望成为一个有钱人。我想拥有土地和牲畜，还想拥有漂亮的长袍和塞满钱包的硬币。为了拥有这些东西，我愿意倾尽身上的力气、手里的技能和心头的谋略，我仅是希望我的努力能得到公平的回报。我们是怎么回事？我再问你一遍！有钱人拥有的钟鼓馔玉，我们为什么不能分一杯羹？"

"要是我知道答案就好了！"科比答道，"我活得并不比你如意。我弹琴赚的钱花得很快。我必须经常精打细算，以使我的家人不挨饿。同时，我内心深处渴望拥有一把足够大的莱雅琴，这样我就能用它奏出真正能令人心潮澎湃的旋律。有了这样的乐器，我就可以弹奏出比国王所听过的音乐还要动听的乐曲。"

"你应该拥有这样一把莱雅琴。全巴比伦都没有人能比你演奏得更动听，你能把它演奏得无比动听，不仅是国王，连众神听了都会感到愉悦。然而，我们却都像国王的奴隶一样穷困潦倒，你怎么能得到这样一把琴呢？听，铃声！他们过来了。"他指了指那些排着长队的挑水工，他们裸着上身，汗流浃背，吃力地沿着河边狭窄的街道往前走。他们五个人并排走着，每个人都弯着腰，背上压着那厚厚的用羊皮袋盛着的水。

"领队的那个人形象很好。"科比指了指那个戴着铃铛的人，他走在最前面，没有任何负重，"木秀于林，一眼就能看出来。"

"那队伍里有很多看起来不错的人，"班瑟表示认同，"像我们这样的不错的人。来自北方的高个儿金发男人，来自南方的面带笑容的黑人男人，来自离我们较近的国家的棕色肤色的矮个子男人。日复一日，年复一年，他们所有人一起从河边走到花园，反反复复，来来回回。毫无快乐，没有期待。他们睡在稻草上，吃硬麦片粥，像极了可怜的畜生！科比！"

"我真可怜他们。然而，你让我看到，尽管我们称自己是自由人，但我们的境况并没有比他们好多少。"

"这是事实，科比，尽管它令人不快。我们都不想年复一年地过奴隶般的生活。工作，工作，工作！一无所获。"

"我们为什么不去看看别人是如何获得金子的，并且照做？"科比问道。

"如果我们去向那些知道该如何获得金子的人请教，也许我们可以学到一些秘诀。"经过一番深思熟虑，班瑟回答道。

"就在今天，"科比说，"我确实遇到过我们的老朋友阿卡德，他驾着他那辆金色的战车从我的身旁经过。我要说，他没有看不起如我这样卑微之人的意思，虽然很多和他一样地位的人会蔑视我这样的人。相反，他对我挥着手，所有旁观者都看到他在问候我，并向音乐家科比致以友好的微笑。"

"大家都认为他是巴比伦首富。"班瑟若有所思地说道。

"他如此富有，据说国王在财政事务中都要向他寻求黄金援助……"科比回答说。

"这么有钱，"班瑟打断了他的话，"要是我在夜里遇见他，我恐怕会把手伸向他那鼓鼓的荷包。"

"胡说八道，"科比责备他道，"一个人的财富不在于他随身携带的钱包里有多少钱。如果没有源头活水不断流入，鼓鼓的钱包很快就会被掏空的。不管阿卡德花钱多慷慨，他的收入总能持续地填满他的荷包。"

"收入，这就是问题所在，"班瑟说道，"我希望我无论是坐在墙上还是外出远行,一笔笔收入都能源源不断地流入我的钱包。阿卡德一定知道一个人该如何获得这样的收入。难道他不能把这些方法向我这样迟钝的人解释清楚吗?"

"我想他确实把他的知识传授给了他的儿子诺玛瑟,"科比回答说,"他不是去了尼尼微(Nineveh)①吗?据小酒馆里的人说,他没借助任何他父亲的帮忙,靠自己就成了那个城市最富有的人之一。不是吗?"

"科比,你让我醍醐灌顶。"班瑟的眼中重新闪烁出光芒,"从一个好朋友那里寻求明智的建议是不需要花费任何代价的,而阿卡德就一直是这样一位可以去寻求建议的朋友。尽管我们的钱包像一年前的猎鹰之巢一样空空如也,但这也无妨。我们都厌倦了仅是吃饱穿暖而没有黄金的生活。我们都希望成为有钱人。来吧,让我们去找阿卡德,去问问他我们怎样才能为自己赚得收入。"

"你说的话给我带来了真正的灵感,班瑟。你给我带来了新的认知。你使我认识到为什么我们从未找到任何衡量财富的标准。因为我们从未去寻找过。你曾想在

---

① 尼尼微:西亚古城,是早期亚述、中期亚述的重镇和亚述帝国都城。——译者注

巴比伦耐心地造出技艺精良的战车。为了实现这个目标，你竭尽全力。因此，你成功了。我曾努力去成为一名技艺纯熟的莱雅琴演奏者。我确实也成功了。

"在那些我们尽了最大努力的事情上，我们都取得了成功。众神很满意我们继续这样做下去。现在，我们终于看到了一束光，宛若日出霞光般明亮。我们只有去学习更多的知识，才能变得富有。有了新的认知，我们将找到体面的方式去实现我们的愿望。"

"就今天，让我们去找阿卡德吧，"班瑟催促道，"同时，让我们叫上那些过得也不比我们如意的童年时期的伙伴一起去，让我们共同分享阿卡德的智慧。"

"你为你的朋友们考虑得可真周到，班瑟。正因如此，你有许多朋友。就按你说的做。我们今天就去，和他们一起去。"

第三章

让钱包先鼓起来

在古巴比伦，曾经住着一位非常富有的人，他的名字叫阿卡德。他以富甲一方而闻名于世，也以慷慨大方而名噪一时。他乐善好施，并且对家人和自己的开支也很慷慨。尽管如此，其财富每年的增长速度还是快于其花销。

有几个青少年时期的朋友来拜访他，并对他说："阿卡德，你比我们都幸运。当我们还在忙于生计时，你已经成为巴比伦的首富了。你可以穿着最上乘的衣服，可以享用最珍贵的食物，而我们只要能给我们的家人提供几件体面的衣服，并尽我们所能让他们吃饱，也就满足了。

"然而，我们曾经却是一样的。我们跟着同一位老师学习，我们玩着一样的游戏。无论是在学习还是游戏中，你都不比我们强。在那以后的几年里，你和我们一样，都仅是一个体面的公民。

"在我们看来，你也没有比我们更加努力或者更加忠诚地工作。那么，为什么无常的命运会偏偏赋予你享受生活中所有美好事物的权利，却忽视我们这些与你差不多的人呢？"

阿卡德听后反驳道："从我们的青年时代到现在为止的这些年里，如果你们还止步于仅能维持生计，那是因为你们或是没能领悟财富积累的法则，或是没有遵守这些法则。'无常的命运'是一个邪恶的女神，她不会赋予任何人永远的福泽。相反，她会让她曾施予不劳而获的金子的人走向毁灭。她会造就一些挥霍无度者，这些人最终会散尽家财，空留下无力填补的欲望沟壑。与此同时，受到这位女神青睐的另一些人则会变成守财奴，这些人会囤积财富，吝惜每一分花销，因为他们知道自己没有赚取这些财富的能力。他们还整日忧虑，害怕自己会被盗，这样的人注定要过着空虚而隐含苦闷的生活。也许，确实有例外，还有一些人会让那些从天而降的金子有所增益，并且一直保持快乐和满足。但是这样的人少之又少，我仅是听说过有这样的人。请想想那些继承了一笔突如其来的横财的人，情况是不是如我所说的这样？"

他的朋友们承认，从他们认识的那些继承了财富的人的经历来看，这些话说得没错。随即，他们恳求他向他们解释一下他是如何拥有如此多的财富的。因此，他继续说道："在我年轻的时候，我环顾四周，看到了很多能带给人们幸福和满足的美好事物，继而意识到财富是获取这一切的力量。财富是一种力量，它使很多事情成为可能。有了财富，人们可以尽情装潢，可以扬帆远航，可以享用远方珍食，可以购买金饰玉器，甚至可以为众神建造宏伟的神庙。人们可以做所有这些事情，也可以做很多其他的事情，从这些事情中，人们能够获得感官上的快乐和灵魂上的满足。

"当我意识到这一切时，我对自己说，我会拥有那些让生活变得美好的事物。我可不是那种站在远处羡慕地看着别人享受的人。我不会满足于穿着那些看起来体面实则最为便宜的衣服。我不会满足于贫穷地度过一生。相反，我要让自己成为这场满是美好事物的盛宴的宾客。

"你们都知道，我只是一个卑微的商人的儿子，我们家是一个大家庭，我无法指望继承任何遗产，而且正如你们刚才坦率所言的，我没有被赋予优于常人的力量或智慧。我知道，如果我要获得我想要的，我需要时间，我需要学习。至于时间，人人都有大量的时间。你们每一个人都有足够的时间让自己变得富有。然而，你们得承认，除了美满的家庭之外，你们没有什么可以用来炫耀的，也没有什么可以引以为傲的。至于学习，我们充满智慧的老师不是告诉过我们吗？学习分为两种：一种是吸收理解已知的知识；另一种是培养探索未知的能力。因此，我决定去探索人们是如何积累财富的，一经发现，我就会把这作为我的使命，并全力做好。阳光普照时就尽情享受，灵魂世界的夜幕降临后，本就是无尽的悲凉。这难道不是明智之举吗？

"我曾经在（城主政务大厅的）刻录馆里找到了一份刻录员的工作，我每天都要花很长的时间在泥板上劳作。周复一周，月复一月，我努力工作，却只换来了微薄的收入。我的收入基本都花在了食物、衣服、对神的忏悔，以及其他我记不起来的一些事情上了，但我的决心并没有动摇。有一天，放债人阿尔加米什来到城主政务大厅，他订购了一本《第九法规》，并对我说，他必须在两天内拿到这本书，如果到那时我完成了这项任务，他会给我两个铜币。因此，我工作分外努力，但那本法规很长，当阿尔加米什回来时，我未能完成任务。他很生气，他说如果我是他的奴隶，他会揍我的。但我知道城主是不会允许他伤害我的，所以我并不害怕。我对他说：'阿尔加米什，你是一个非常富有的人。你要是告诉我怎样才能变得富有，我就整夜在泥板上雕刻，等到太阳升起，你要的书就能完成。'他对我笑了笑，回答说：'你是个精明的无赖，但我们成交。'整个晚上我都在雕刻，虽然我的背很痛，灯芯的气味呛得我头疼，最后我的眼睛几乎都看不见了，但当他在日出时分再来时，泥板已经刻完了。'现在，'我说道，'请履行你的承诺吧。'

"'按我们的约定，你已经履行了你的义务，我的孩子，'他和蔼地对我说，'我现在也准备履行我的义务。我要告诉你那些你想知道的事情，不过我已经老了，而老人总是爱唠叨。当年轻人到了需要忠告的年龄时，他该去询问智慧的老者。但是，年轻人常常认为，老者懂得的道理已经过时了，他们不会从中受益。但是，请记住，人生代代无穷已，江月年年望相似。'

"'年轻人的想法，'他继续说，'是闪耀的，就如流星划过苍穹一般，常常点亮夜空；而长者的智慧则像恒星，亘古不变地照耀着长夜，水手可以靠它们来引航。你要留心听我说的话，因为如果你不留心，你就不能领会我要告诉你的真理，你就会认为你连夜的劳作是徒劳之举。'

"他额上的发丝有些蓬乱，却丝毫不影响他那如炬的目光。他看着我，用低沉而有力的声音说道：'当我决定从我所有的收入中留出一部分给自己之时，我找到了通往财富之路。你也会的。'然后，他继续看着我，目光犀利，却没再说什么。

"'就这吗？'我问道。

"'这足以把一颗牧羊人的心变成放债人的心。'他回答说。

"'但我挣的钱不都是留给我的吗？'我问道。

"'远远不是，'他回答说，'你不付钱给裁缝吗？你不付钱给鞋匠吗？你吃的东西不付钱吗？你能不花钱就住在巴比伦吗？你上个月的收入还剩下多少？过去一年的收入呢？真蠢！你一直在付钱给别人，而不是你自己。笨蛋，你在为别人工作。你就像奴隶一样，在为你的主人干活，以换取吃穿。如果你真的把你所有收入的十分

之一留给自己，十年后你会拥有多少钱？'

"'我还是有些数学常识的，'我回答说，'差不多是我一年的收入吧。'

"'你只说对了一半儿，'他反驳道，'你攒下的每一块金子都是一个为你工作的奴隶。用金子挣得的每一块铜板都是它的孩子，而它的孩子也可以为你挣钱。如果你想变得富有，那么你攒下的钱就必须实现钱生钱，其生出的钱也必须继续生钱，只有这样你才能获得你渴望的财富。'

"'你以为我骗你工作了一整夜，'他继续说，'但是如果你有足够的智慧去理解我告诉你的真相，那么我则已给了你一千倍于你的工钱的报酬。

"'你要从所赚的钱中给自己留一部分。无论你赚多少钱，其中留给自己的部分都不应少于十分之一，并且在力所能及的前提下留得越多越好。要先留钱给自己。不要把剩余的钱都花在裁缝和鞋匠那里，要留出足够的钱用于买食物、做慈善和对神的忏悔。

"财富就像一棵树，它是从一粒小小的种子开始生长起来的。你所留存的第一枚铜币就是未来将会长出你的财富之树的那颗种子。你越早种下这粒种子，这棵树就会越快成长起来。你越是忠实地用储蓄持续去滋养和浇灌这棵树，你就可能越早地在它的树荫之下享受福泽。'言讫，他拿起那些刻好的泥板就走了。

"我对他说的一番话进行了思考，觉得似乎言之有理。我决定去试一试。于是，我在每回拿到报酬后，都会从那十块铜币中拿出一块存起来。虽然这看起来有些奇怪，但我并未因此而觉得手头比从前紧。在我适应了减少花销的情况下，我发现我的生活和之前几乎没有什么不同。然而，随着我的积蓄的增加，我经常会受到一些诱惑——我总想去买商人从腓尼基人的土地上用骆驼和船只运回来售卖的一些好东西。但我理智地克制住了。在阿尔加米什走后的十二个月，他又回来了，并对我说：'孩子，你是否把不少于在过去一年里所赚的收入的十分之一为自己存起来了？'

"我骄傲地答道：'是的，老爷，我存了。'他眉开眼笑地说：'那么你用存下来的钱去做什么了呀？'

"'我已经把它交给砖匠阿兹穆尔了，他告诉我他要去远航，他会去提尔，在那里他会从腓尼基人手里给我买那些稀有珠宝。他回来以后，我们将以高价出售这些珠宝，并共享收益。'

"'每个傻瓜要学东西都得先交学费,'他咆哮道,'但你为什么要相信砖匠会懂珠宝呢?你会去面包店询问星辰的情况吗?不会,依我拙见,如果你有思考能力的话,你会去找占星师。你的积蓄没了,年轻人,你已经把你的财富之树连根拔起了。但是,你再种一棵树吧。再试一次。下一次,如果你想得到关于珠宝的建议,去找珠宝商;如果你想知道关于羊的真相,去找牧民。虽说建议是一种"免费赠送的东西",但请注意,你要只接受那些有价值的建议。你要是总向一些没有专业经验的人去寻求投资建议的话,那些错误的建议会让你亏掉积蓄。'说完,他就走了。

　　"事实果然被他言中了,那些腓尼基人是些无赖,他们把看起来很像宝石的毫无价值的玻璃碎片当作珠宝卖给了阿兹穆尔。但正如阿尔加米什吩咐我的那样,我接着把所挣的铜币中的十分之一存起来,因为我现在已经养成习惯了,所以不再感到困难。

　　"十二个月后,阿尔加米什又来到了刻录馆。他和我打招呼说:'自上次见面以来,你有什么进步吗?'

　　"'我一直坚持为自己存钱,'我回答说,'之后我把我的积蓄委托给了做盾牌的阿格,他拿这些钱去买了些

青铜，他每四个月会付我一次利息作为回报。'

"'那太好了。你都用这些利息干什么了？'

"'我享用了丰盛的大餐——有蜂蜜、美酒以及香甜的蛋糕。我还买了一件红色的外衣。以后我还会给自己买一头小毛驴来骑。'

"阿尔加米什笑着说：'你把你的积蓄所生的孩子都吃掉了。那么你怎么指望这些孩子为你工作呢？更别提指望这些孩子会生出更多的孩子为你工作了。你得先给自己弄一大群"黄金奴隶"，然后才能去享用丰盛的宴席，这样才能消除后顾之忧。'言毕，他又离开了。

"从这以后，我两年都没再见过他。当他再次回来时，他的脸上布满了深深的皱纹，眼睛也耷拉着，因为他已经很年迈了。他对我说：'阿卡德，你得到你梦寐以求的财富了吗？'我回答说：'虽然我的财富还未达到我梦想的数量，但是我已经积累了一些财富，并且这些财富一直在钱生钱，钱再生钱。'

"'你还在接受砖匠的建议吗？'

"'关于制砖，他们给了我很好的建议。'我反驳道。

"'阿卡德，'他继续说，'你已经很好地吸取了教训。首先，你学会了靠少于你收入的钱去维持生活。接下来，你学会了去向那些经验丰富的专业人士去寻求建议。最后，你学会了让黄金为你工作。

"'你教会了自己如何获得金钱，如何储存金钱，以及如何使用金钱。因此，你已有能力去胜任一个重要的职位。我正在老去，而我的儿子们只想着花钱，却不考虑挣钱。我的产业过于庞大，我担心自己会照顾不过来。如果你愿意去尼普尔照顾我在那里的土地，我将让你成为我的合伙人，并将与你分享我的财产。'

"于是，我去了尼普尔，负责管理他的庞大产业。因为我充满了雄心壮志，并且已掌握了成功理财的三大法则，所以我使他的财产得以大幅升值。我也因此而获得了很多财富。阿尔加米什去世后，我确实按照他的安排依法分得了他的部分财产。"阿卡德说道。

当他讲完他的故事后，他的一个朋友说道："你真幸运，阿尔加米什让你成为他的继承人。"

"我的幸运之处在于，在我第一次见到他之前，我就有了致富的愿望。四年来，难道我没有通过留存我收入的十分之一去证明我的目标的明确性吗？要是一个渔夫多年来一直在研究鱼的习性，后来他掌握了如何随着风向的变化撒网捕鱼，你会认为他只是幸运吗？机会是一位傲慢的女神,她不会和那些没有准备的人去浪费她的时间。"

"你在亏掉第一年的积蓄后仍然有很强的意志力接着坚持下去。你能这样做是很不寻常的。"另一个人说。

"意志力!"阿卡德反驳道,"胡说八道。你认为意志力会给人扛起骆驼都扛不动或牛都拉不动的重物的力量吗?意志力只不过是你为了完成你为自己设定的任务的坚定目标。如果我给自己设定了一项任务,不管它是多么微不足道,我都会坚持到底,否则我如何能有信心做好重要的事情呢?如果我对自己说,'连着一百天,当我过桥进城时,我会从路上捡起一块鹅卵石,然后把它扔到河里',那我就会这样做。如果我在第七天忘记了,我不会对自己说:'明天我扔两块鹅卵石就是了,不就一样了吗?'相反,我会退回去,然后把一块鹅卵石扔进河里。在第二十天,我也不会对自己说:'阿卡德,这没用。每天扔一块鹅卵石对你有什么好处?直接扔进去一把不就可以了吗?'不,我不会这么说,也不会这么做。一旦我为自己设定了任务,我就会完成它。因此,我在设定任务时会非常谨慎,尽量不去碰那些困难而不切实际的任务,因为我喜欢清闲。"

然后，他的另一个朋友站出来说："如果你说的是真的，那么听起来确实也很合理，但要是这么简单，若是所有人都这么做，那么财富还够分吗？"

　　阿卡德回答说："只要人们努力，财富就会增长。如果一个富人要为自己建造一座新的豪宅，他支付的黄金会消失吗？不会，砖匠会分走一部分，工人会分走一部分，艺术家会分走一部分。每一个为修筑房子出力的人都会分走一部分。但当房子建成后，难道这些金子花得不值吗？它所在的那片土地难道不会因为它而增值吗？与它相邻的土地难道不会因为它也增值吗？财富会以一种神奇的方式增长，没有人能预言它的极限。腓尼基人不是通过其海上商船为其带来的财富才得以在贫瘠的海岸上建造出伟大的城市吗？"

　　"那么，我们怎么做才能变得富有呢？你的建议是什么？"他的另一个朋友问道，"岁月流逝，我们不再年轻，我们还是一无所有。"

　　"我建议你去领会阿尔加米什的智慧，并对自己说：'我所赚的钱中有一部分是留给我自己的。'早上一起床，你就对自己说这句话。中午说，晚上再说。一个小时说一次，天天都这样做。你要不停地对自己说这句话，直到这句话烂熟于心。要牢牢记住这一建议，要用这种思想去填充自己。然后，酌情从收入中合理地留出一部分，留存的那部分不能少于你总收入的十分之一。必要时你需要调整你其他的开支来这样做。不管怎么样，请先留出来一部分放置起来。这样一来，你很快就会因自己所拥有的财富而感到充实。随着财富的增长，你会变得越发有动力。你会找到一种新的生活乐趣。你会付出更大的努力去赚更多的钱。接着，你会继续以同样的比例从增加的收入中留存出一部分。

"之后，你要学会让你的财富为你工作，让它成为你的奴隶，让它的孩子和它孩子的孩子都为你工作。

"你要确保未来有收入。看看那些老人，别忘了，在未来你也将成为他们中的一员。因此，你在投资你的财富时要格外小心，别亏钱。要警惕过高的回报率，这通常都是虚假的诱饵，它会把粗心的人引到亏损和悔恨的岩石之上。

"同时也要确保，当神灵召唤你到他们的王国时，你的家人的生活也能得以保障。为了实现这种对他们的保护，你可以定期计提一些小额款项。因此，有远见的人不会拖延到等拥有一大笔钱之后才去尝试实现这一明智的目标。你要向智者去寻求建议，要向那些日常与钱打交道的人寻求建议，他们能使你避免犯和我曾经一样的错误，比如我曾把钱委托给砖匠阿兹穆尔，让他帮我做投资。小额并安全的回报远比用承担高风险换取的回报更为可取。

"人固有一死，因此要活在当下，享受生活。不要过度劳累或试图把过多的钱用于储蓄。如果你很轻松就可以将挣的钱中的十分之一留存下来，那么这就足够了。要根据你自己的收入情况选择自己的生活方式，不要让自己变得吝啬和惧怕消费。生活是美好的，生活中有很多值得去买的令人赏心悦目的东西。"

他的朋友们在向他道谢后就离开了。有些人听完后沉默了，因为他们缺乏想象力，无法理解他的话。有些人讽刺他，因为他们认为一个如此富有的人不该让他如此不幸的朋友们空手而归。然而，另一些人眼中却闪现出新的光芒。他们意识到，阿尔加米什之所以每次都会回到刻录馆，是因为他看到一个人正在黑暗中寻找光明。当这个人找到光明时，一个空缺的职位正在等着他。在他通过努力想明白之前，在他为抓住这个机会做好准备之前，没人能够填补这个空缺。

在接下来的几年里，后者经常去拜访阿卡德，每次阿卡德都会愉快地接待他们，向他们提供建议，并将他的智慧免费传授给他们，经验丰富的人总是乐于这样做。他还帮助他们将储蓄进行投资，使他们安全地赚取了良好的收益，没发生过亏损，也从未卷入过任何没有回报的投资。

当这些人领悟了从阿尔加米什传到阿卡德，又从阿卡德传到他们的真理之时，他们迎来了命运的转折点。

你赚的所有钱中有一部分是归属于你自己的。

第四章

治疗"囊中羞涩"的七个疗法

巴比伦的荣耀经久不衰。古往今来,它以最富有的城市而闻名于世,其财富也令人难以置信。但巴比伦可不是一直都如此,巴比伦的富庶都归功于其人民的智慧。他们的当务之急是致富。

当善良的国王萨尔贡打败敌人埃兰人(Elamites)回到巴比伦时,他面临着一个严峻的问题。财政大臣向国王解释道:"陛下修建规模宏大的灌溉渠和神殿,这为我国人民带来了延续多年的繁荣盛世,现在这些工程已经竣工,可是人民却似乎无法养活自己了。

"工人们没有工作。商人们几乎没有顾客。农民们无法出售他们的农产品。人们没有足够的黄金去购买食物。"

"但是我们花在这些重大项目上的金子都到哪里去了呢?"国王问道。

"我担心,这些金子已经落入某些人的手里了,"财政大臣回答说,"那几个非常富有的人的手里。金子从我们大多数人的指缝间流走了,就像山羊奶通过滤网一样快。现在,黄金流已经停止流动,我们大多数人都无从赚取收入了。"

国王沉思了一段时间,然后问道:"为什么这么少的几个人能够获得所有的黄金?"

"因为他们知晓方法,"财政大臣回答道,"我们不能去谴责一个因知晓方法而获得成功的人。一个公正的人也不会去剥夺强者合法赚到的东西,再把这些东西给予那些能力较弱的人。"

"但是为什么会这样?"国王问道,"难道不是所有人都应该去学习如何积累黄金,从而使自己变得富有吗?"

"有可能,阁下。但是谁能教他们呢?当然不是那些牧师,因为他们对赚钱一无所知。"

"大臣,在我们这座城市里,谁最知道如何致富?"国王问道。

"陛下，这还用问吗？谁在巴比伦积聚了最多的财富？"

"说得好，我能干的大臣。是阿卡德，他是巴比伦最富有的人。明天就把他带到我面前来。"

第二天，按照国王的命令，阿卡德被带到国王的面前，尽管他已经四十来岁了，但他仍然身姿挺拔，精神抖擞。

"阿卡德，"国王说道，"你真的是巴比伦最富有的人吗？"

"据人们所说，陛下，没有人对此提出过异议。"

"你是怎么变得这么富有的呢？"

"充分利用我们这座美好的城市赋予其公民的所有机会。"

"你一开始什么都没有？"

"只有对财富强烈的渴望。除此之外，别无其他。"

"阿卡德，"国王继续说，"我们的城市处境很糟糕，因为只有少数人知道该如何获取财富，结果他们垄断了财富，但我们的大多数公民却连如何保住他们所赚到的黄金中的任何一小部分都不知道。

"我希望巴比伦成为世界上最富有的城市。因此，它一定是一个有着很多富人的城市。所以，我们必须教会所有人如何去获得财富。告诉我，阿卡德，获得财富有什么秘诀吗？可以传授吗？"

"这是可行的，陛下。一个人知道的东西是可以传授给其他人的。"

国王的眼睛闪现出光芒。"阿卡德，你说出了我想听到的话。你愿意投身于这项伟大的事业吗？你愿意把你的知识传授给一些教师吗？之后，每个教师再教给别人，直到我的国度中有足够多的训练有素的人可以把这些真理传授给每一位臣民？"

阿卡德鞠了躬并说道："我是听命于您的卑微的仆人。无论我拥有什么知识，我都乐意为我的同胞和国王陛下的荣耀而奉献出来。请陛下让您得意的大臣为我安排一个可以容纳一百人的班，我要教给这些人'七种疗法'，这七种疗法曾使我的钱包鼓起来，而曾经整个巴比伦没有谁的钱包比我的更瘪了。"

两周后，按照国王的命令，被选中的一百个人聚集在圣殿的书斋大厅里，坐在彩色的半圆环上。阿卡德坐在一个小桌子旁边。一盏神灯放于桌上，散发出一种奇怪而好闻的气味。

"看哪，巴比伦首富。"一个学生轻声说道，在阿卡德站起来的时候，这个学生推了推坐在他旁边的人。

"他和我们大家一样也是人。"

"作为我们伟大国王的忠实臣民，"阿卡德开始说道，"我站在你们面前为他服务。

"我曾经是一个贫穷的年轻人，非常渴望黄金，由于我发现了能使我获得黄金的知识，国王陛下命令我将我的知识传授给你们。

"我以最卑微的形式白手起家。我没有任何优于你们和其他巴比伦公民之处。

"我的第一个宝库是一个精美的钱包。我讨厌它无用地空着。我希望它变得圆润而饱满，一晃动就响起金子碰撞的声音。因此，我想尽一切办法去治疗'囊中羞涩'。我找到了七个方法。

"我要向聚集在我面前的你们传授七个能够治疗'囊中羞涩'的方法，我曾把这些方法推荐给那些渴望获得黄金的人。这七个治疗方法，我每天讲一个，连续七天。

"请仔细聆听我将传授的知识。欢迎与我辩论，彼此也可以讨论。彻底学会这些课程后，你们也可以在自己的钱包中播种财富的种子。你们每个人都必须先明智地积累起属于自己的财富。只有到那时，你们才有能力将这些真理传授给他人。

"我将用简单的方法教你如何使你的钱包鼓起来。这是通往财富殿堂的第一步，任何人如果不能稳健地迈出这第一步，他就不能接着攀登。

"让我们现在先来看看第一个方法。"

第一个疗法：让你的钱包开始鼓起来

阿卡德对坐在第二排的一个若有所思的人问道："我的好朋友，你有什么手艺？"

"我？"那人回答说，"我是一名刻录员，在泥板上做记录的。"

"我之前也是做这个的，我就是通过做这份工作挣到了第一枚铜币。因此，你也有同样的机会致富。"

他又对坐在后面的一个脸色红润的人问道："请你也告诉我，你是以什么为生的？"

这个人回答说："我是一个屠夫。我从农民那里买来他们饲养的山羊并将羊屠宰掉，然后把肉卖给家庭主妇，把皮卖给鞋匠。"

"因为你也劳作并挣钱，所以你也拥有我所拥有的一切获得成功的优势。"

就这样，阿卡德挨个询问了每个人的劳动谋生方式。当他询问完他们之后，他说："现在，我的学生们，你们可以看到人们可以通过很多种生意和劳动来赚取钱币。每一种挣钱的方式会创造出一股黄金流，劳作者可以通过自己的劳动将其中的一部分转移到自己的钱包中。因此，你们每个人的钱包中都会流入一股钱币流，其多少取决于个人能力。不是这样吗？"

大家都表示很认同这一说法。"那么，"阿卡德继续说，"如果你们每个人都想为自己创造财富，那么用已经积累起来的财富作为开端源头，这难道不明智吗？"

然后，阿卡德转向一个自称是卖鸡蛋的商人的平民，说道："如果你选择一个篮子，每天早上放进去十个鸡蛋，晚上再从篮子里拿出去九个鸡蛋，最终会发生什么？"

"随着时间的推移，鸡蛋最终会从篮子里溢出来。"

"为什么？"

"因为我每天放进篮子的鸡蛋比拿出去的多。"

阿卡德微笑着转向全班同学。"在座的有没有人的钱包很瘪呀？"

起初，大家觉得很好笑。然后，他们大笑起来。最后，他们戏谑地挥舞起自己的钱包。

"好吧，"他接着说，"现在我要告诉你们我学到的第一个治疗囊中羞涩的方法。

"照我向售卖鸡蛋的那个人提出的建议那样去做。你每向钱包里放入十枚钱币，就拿出其中的九枚来使用。你的钱包马上就会开始鼓起来，随着它在你手里变得越来越重，你会感觉越来越好，你的灵魂也会感到满足。

"不要因为我说的话简单而嘲笑我。大道至简。我告诉过你们，我会告诉你们我的财富是如何积累起来的。我就是从这开始的。我也曾带着一个瘪瘪的钱包，总诅咒它，因为它里面没有能满足我欲望的东西，但是当我开始把钱包里十分之一的钱留出来的时候，它开始鼓起来了。你要是这样做也会的。

"我现在要告诉你们一个奇怪的事实，其原因我也无从知道。当我停止支出超过十分之九的收入时，我其实没有太大感觉，也没觉得日子过得比以前紧。而且，和从前相比，挣钱对我来说似乎变得更容易了。诚然，神灵的法则是，对于那些懂得储蓄和留存部分收入的人，金子来得会更容易。同样地，对于钱包空空的人，黄金也会避开他。

"你最渴望的是什么？难道不是去满足你每天的欲望吗？一颗宝石，一些华丽的饰品，更好的衣服，更多的食物——那些很快就会被消耗和遗忘的东西？还是大量的财产，黄金、土地、牲畜、商品——那些能带来收入的投资？你从钱包里取出去的钱币会带给你前者，而你留下的钱币将带给你后者。

"我的学生们，这就是我发现的第一个能治疗'囊中羞涩'的方法：每放入十枚钱币，就只花其中九枚。你们自己讨论一下这个问题。如果有人能证明事实并非如此，请在明天我们再次见面的时候告诉我。"

第二个疗法：控制你的支出

"我的学生们，你们中有一些人问我：当一个人赚的钱都不够支付他必要的开支时，他怎么能把他所有收入的十分之一留在钱包里呢？"阿卡德在第二天对他的学生们说道。

"昨天你们中有多少人带着一个瘪瘪的钱包？"

"我们所有人。"全班同学回答道。

"然而，你们的收入并不都一样。有些人的收入比其他人高得多。有些人要养活更大的家庭。然而，所有的钱包都一样瘪。现在我要告诉你们一个关于人和其后代的不寻常的事实。这就是，我们每个人所说的'必要的开支'总是会增长到与我们的收入相等的水平的，除非我们进行反抗。不要把必要开支和你的欲望混为一谈。你们每个人，连同你们美满的家庭，所有人的欲望都要比收入能满足的要多。因此，你要是用你的收入去满足这些欲望，那么收入很快就会流走。然而，你仍然还是有很多欲望未被满足。

"所有人的欲望都大过其满足欲望的能力。就因为我拥有财富，你们就认为我可以满足自己的所有欲望吗？这是一个错误的想法。我的时间有限，我的能力有限，我可以旅行的距离有限，我可以吃的东西有限，我可以享受的快乐有限。

"我告诉你们，只要农民留给野草生根的机会，它们就会在地里生长起来。同理，一旦欲望有可能被满足，欲望就会自由地生长起来。你有众多欲望，但你能满足的却很少。

"仔细研究一下你习以为常的生活习惯。你经常能从中发现某些公认可以明智地减少或取消的开支。你的座右铭该是——每一枚硬币都百分之百花得其所。

"因此，你要把你想花钱买的每一件东西都刻在黏土上。然后，你要从中挑选出那些必须买的，也就是你收入的十分之九该花的地方。你要把其余的东西都划掉，要把它们视作会令人悔恨的难填的欲壑。

"之后，你要对你必要的开支做个预算。不要碰能使你的钱包变鼓的那十分之一收入。让这成为你正在尝试去实现的伟大愿望吧。你要一直做预算，并通过对它不断地调整来让自己受益。要让它成为你捍卫你那鼓起来的钱包的得力助手。"

这时，一个身穿红金相间的长袍的学生站起来说："我是一个自由人。我相信享受生活中美好的事物是我的权利。因此，我要反抗预算的奴役，预算左右着我该花多少钱以及花在哪里的决定，我觉得它会使我在生活中失去很多乐趣，把我变成一头驮着重担的驴。"

阿卡德问他说："我的朋友，你的预算是谁决定的？"

"我自己决定的。"抗议者回答。

"要是那样的话，如果让一头驴为它要驮的包袱去做个预算，它会在里面放珠宝、地毯和沉重的金条吗？不会的。它会选择放些干草、谷物和经过沙漠时需要用到的一袋水。

"预算的目的是让你的钱包鼓起来。它的目的是帮你拥有必需品，并尽可能帮你实现你的其他愿望。它是为了让你实现你最珍视的愿望，使它的实现免受你那些随意的愿望的影响。你的预算就像是黑暗洞穴中的一盏明灯，它能照出你钱包的漏洞在哪里，从而使你能够阻止钱的外流，通过控制开支去实现明确而令人满意的目标。

"这就是第二个治疗'囊中羞涩'的方法。为你的开支做个预算，以确保你能有钱去买那些必需品，可以为一些令你快乐的事物付账，你能在不动用从你收入中留存出来的那十分之一的情况下尽量去满足那些有价值的欲望。"

第三个疗法：让你的黄金成倍增长

"若是你看到你那瘪瘪的钱包一点一点地鼓起来，那么这说明你一直在自律地将你收入的十分之一留存出来。你控制了你的开支，从而使你日益增长的财富得到了保护。接下来，让我们来思考一下如何能让你的财富去为你工作并得以增益。钱包里的金子能令人感到满意，能令一个吝啬的人感到满足，但它却不能给你带来任何收入。从我们的收入中留存出部分黄金只是一个开始。"阿卡德在第三天对全班同学说，"而它带来的收入将为我们创造财富。

"因此，我们如何才能让我们的黄金发挥作用呢？我的第一笔投资是失败的，它令我血本无归。我以后会向你们讲述这个故事。我的第一笔为我带来收益的投资是我向一个名叫阿格的人放的贷款，他是一个做盾牌的工匠。为了做生意，他每年都会从海外购买一大批青铜。由于他没有足够的资金去支付给那些贩卖青铜的商人，他会向那些有多余钱币的人借钱。他是一个正直的人，他会在把盾牌卖出去后偿还他的贷款，并支付一笔可观的利息。

"每次我借钱给他时，我都会连带着他付给我的那些利息一起再借给他。因此，不但我的资金增加了，我的收入也增加了。最令人欣慰的是，这些钱最后都如数地回到了我的钱包里。

"我的学生们，我告诉你们，一个人的财富不在于他钱包里有多少钱币，而在于他所创造的收入——不断流入他的钱包并使其不断膨胀的黄金流。这就是每个人都渴望的。无论你是去工作还是去旅行，收入都将源源不断。

"我获得了巨额的收入，从而我被称为一个非常富有的人。我借给阿格的贷款是我在能盈利的投资方面的第一次尝试。我从这一经验中收获了智慧，于是随着资金的增加，我不断扩展着我的贷款和投资。起初只有几个渠道，后来发展到许多渠道，由于我明智的投资决策，财富的黄金流不断地流入我的钱包。

"看哪，我用我那微薄的收入创造出一群黄金奴隶，每个奴隶都在劳动，为我挣更多的黄金。它们为我劳动，它们的孩子为我劳动，它们的孩子的孩子也在为我劳动，在它们的共同努力下，我的收入变得很可观。

　　"从以下几点可以看出，合理的收益能让黄金迅速增长：

　　"一个农夫在他的第一个儿子出生时把十块银币交给了一个放债人，让他把这些银币贷出去以赚取利息，直到他的儿子年满二十岁。那个放债人照做了，并同意每四年都将其银币总价值的四分之一作为利息支付给他。因为这笔钱是农夫留给他儿子的，所以他要求把那些利息也计入本金接着放贷。

　　"当那个男孩儿年满二十岁时，农夫又去放债人那里询问银币的情况。放债人解释说，由于这笔钱是按复利增加的，原来的十枚银币现在已经增加到三十枚零半枚了。

　　"农夫很高兴，因为他的儿子还用不到这些银币，所以他把它们接着留在放债人那里了。当农夫的儿子五十岁时，作为父亲的农夫去了另一个世界，放债人付给农夫的儿子连本带利总共一百六十七枚银币。

　　"因此，五十年来，这笔投资通过利滚利翻了近十七倍。这就是治疗'囊中羞涩'的第三个疗法：让每一枚钱币都为你劳作，使其能够像田野里的羊群一样繁衍，并帮你赚取收益，使财富之流源源不断地流入你的钱包。"

第四个疗法：保护好你的财富，让它免受损失

阿卡德在第四天对他的学生们说："噩运总是青睐金光闪闪的标记。一个人必须妥善保管他钱包里的金子，否则他可能会丢失那些金子。因此，明智的做法是，在神灵赋予我们更多的金子之前，我们必须先保管好少量的金子并学着去保护它们。

"每一个持有黄金的人都会受到一些机会的诱惑，这些机会看似能够令他通过投资一些貌似可行的项目而赚大钱。通常，其朋友和亲戚都热切地要参与这类投资，并敦促他也跟着参与。

"投资的第一个可靠原则是要保证本金的安全。当本金可能遭受损失时，热衷于追求更高的收益明智吗？我觉得不明智。风险带来的责罚可能是本金的损失。在把你的财富投出去之前，请仔细研究一下你投出去的钱是否能保证安全收回。千万别被你希望财富能快速增长

的浪漫愿望所误导。

"在你把钱借给任何人之前，你都要先确保他有偿还的能力和按时还钱的好名声，以免你在无意中把你辛苦赚来的财富当作礼物送给他。

"我自己的第一笔投资在当时对我来说就是一场悲剧。我把一年存下来的储蓄委托给了一个名叫阿兹穆尔的砖匠，他要去远航，到提尔去，他答应在那里帮我从腓尼基人手里买些稀有珠宝。等他回来以后，我们再以高价出售这些珠宝，并共享利润。

"腓尼基人都是无赖，他们把碎玻璃卖给了他。我的财富都亏掉了。今天，我已经训练有素了，我会立即意识到委托砖匠去买珠宝的行为是很愚蠢的。

"因此，基于我个人的经验教训，我给你们的建议是：不要过于相信你自己的智慧，因为你可能会自作聪明地把你的财富投到错误的地方，从而陷入投资陷阱。最好去咨询那些在赚钱方面很有经验的智者。虽然这样的建议是免费给予的，但是其价值很可能等同于你想用作投资的那些黄金的价值。事实上，如果它能使你免于损失，那么这就是它的实际价值。

"那么，这就是第四个治疗'囊中羞涩'的方法，它非常重要，因为它能使你装得满满的钱包免于被掏空。只把钱投在那些能保证本金安全的地方，同时要确保如果想取出本金马上就能取出来，并且还要确保这项投资给付的利息是公平合理的。去向智者寻求建议，并且只接受那些曾利用黄金取得过收益的经验丰富的人的建议。这是那些在黄金的有利可图的处理方面经验丰富的人的建议。用他们的智慧来保护你们的财富，从而使你们的财富能避开那些不安全的投资项目。"

第五个疗法：让你的住所成为能带来收益的投资

阿卡德在第五节课上对他的学生们说："假如一个人把他收入的十分之九用作维持生计和享受生活，他要是能在不影响正常生活的情况下把这十分之九的收入中的任何一部分转化为能带来收益的投资，那么他的财富就会增长得更快。

"我们巴比伦的许多男人确实都和家人住在破旧简陋的屋舍里，他们还要定期向苛刻的房东支付租金。花儿能取悦一个女人的心，但他们的妻子在那里连个种花儿的地方都没有；他们的孩子只能在脏乱的小巷里玩游戏。

"没有一个家庭能够充分享受生活，除非他们拥有一块土地，在那里，孩子们可以在干净的地上玩耍，妻子不仅可以种植鲜花，还可以种植各式作物来养活她的家人。

"吃自家树上结出的无花果和自家葡萄架上结出的葡萄，这会给人的心灵带来快乐。拥有属于自己的住所，拥有一个让自己引以为傲的地方，这会让人的内心充满自信，从而使人更加努力。因此，我认为每个人都该拥有属于他自己和家人的房子。

"对于任何一个好心人来说，拥有一个属于自己的家园并非力不能及。难道我们伟大的国王没有把巴比伦的城墙扩展得如此之广，以至于其中有许多土地至今仍未使用？其售卖价格难道不也是最合理公道的吗？

"我也告诉你们，我的学生们，放债人很乐意去帮助那些想拥有属于自己的房屋和土地的家庭去实现这个愿望。如果你能显示自己已为实现这一目的存够一笔合理的必要金额，那么你就可以借到钱去支付给那些能帮你实现这一值得称道的目标的砖匠和盖房工匠了。

"那么，当房子建成时，你可以像支付房东房租一样定期向放债人还款了。因为每次还款都会使你欠放债人的债务减少，几年下来，这些贷款就能还清。

"到那时，你的心情会格外好，因为你拥有了一处所有权属于自己的值钱的房产，你唯一要付出的代价就是向国王缴税。

"你的贤妻会经常到河边去洗你的袍子，每次回家时，她都要带上一些用山羊皮盛的水回去以浇灌那些正在生长的作物。

"因此，拥有属于自己的房子的人会得到许多福祉。这将大大降低其生活成本，并使他能把更多的收入用于娱乐和满足欲望。那么，这就是第五个治疗'囊中羞涩'的方法——拥有属于自己的家。"

第六个疗法：确保未来有收入

阿卡德在第六天对全班说："每个人都要经历从童年到老年的过程。人生的轨道就是如此，任何人都不能偏离这条轨道，除非神灵过早地召唤他去极乐世界。因此，我要说的是，一个人应该为他日后不再年轻的日子做准备，确保那时他仍然能有适当的收入。一个人也应该提前为他的家人做好安排，以防他发生不测，从而不能再安慰和供养他们了。这节课旨在告诉大家，随着时间的流逝，你的学习能力会下降，所以一定要尽早准备出来一个鼓鼓的钱包。

"要是一个人已因他对财富规律的理解而使他的盈余在日益增长，那么他是时候为其未来的日子做些考虑了。他应该计划一些可以安全地持续多年的投资或计提，当他明智预期的时间到来时，他能够支取这些投资或计提。

"一个人可以通过很多种方式去让自己的未来有所保障。他可以找一个隐蔽的地方，并在那里埋葬一个秘密的宝藏。然而，无论他选择用什么样的技巧把财宝藏起来，这些财宝最后都可能成为小偷的囊中之物。因此，我并不推荐这种计划。

"为达成此目的，他可以去买房置地。如果他从其实用性和未来价值方面出发做出了明智的选择，那么这些房屋或土地的价值则是永久的，在未来他要是将其出租则能持续收到租金，要是将其售卖则能一次性得到一大笔收入，无论他作何选择，他的未来都能得以保障。

"为达成此目的，他还可以定期借给放债人一小笔钱，并逐期增加其金额。放债人给付的利息会被计入其本金接着利滚利，从而这笔钱会有很大幅度的增长。我确实认识一个名叫安桑的鞋匠，不久前他向我说，八年来，他每周都会把两枚银币放在放债人那里。就在最近，放债人给了他一份对账单，他看了后异常欣喜。他的小额定投加上按惯例每四年支付一次的占本金四分之一的利息，现在总共已经变成了一千零四十块银币。

"我高兴地进一步对他进行了鼓励，我以我的数学常识向他证明，只要他每周接着在放债人那里定投两块银币，再过十二年，放债人将会欠他四千多块银币，而这笔钱足以使他余生过得衣食无忧。

"当然，既然这样的小额定投能带来如此丰厚的利润，那么一个人无论生意有多兴隆、投资有多成功，他都不该不为其晚年准备一笔财富，也不该不为其家人筹划生活保障。

"我希望我能对此多说一点儿。在我看来，我相信总有一天，聪明的人会想出一个保险计划以对抗死亡——许多人定期支付很少的一笔钱，这些钱加起来对每一位早逝的出资者的家庭来说都相当可观。我认为这是一件令人向往的事，我极力推荐这样做。

"但在今天，这是不可能的，因为若要使它能运作，其期限必须要超越任何个体或合伙企业的存续期限。它必须像国王的宝座一样稳固。我觉得，总有一天，这样的计划会成为现实，这对许多人来说都是一大幸事，因为即使他们只是刚支付了第一笔数额很少的钱，要是他们中的某个成员去世了，其家人也能拿到一笔可观的财富。

"但是，因为我们生活在自己的时代，而不是未来的时代，我们必须利用这些手段和方法来实现我们的目标。因此，我建议所有人都要在年富力强之时通过经过深思熟虑的明智方法去治疗'囊中羞涩'。因为对于一个不再有赚钱能力的人或一个失去经济支柱的家庭来说，干瘪的钱包意味着一场令人痛心的悲剧。

"这就是第六个治疗'囊中羞涩'的方法。要提前为自己年迈后的需求做准备，并且要提前做好规划以保障家人的生活。"

第七个疗法：提升你的赚钱能力

在第七天，阿卡德对他的学生们说："我的学生们，今天我要向你们讲述一个最为重要的治疗'囊中羞涩'的方法。我不打算谈论金子，而是想谈谈正坐在我面前的身着各色长袍的各位。我将向你介绍一些能决定个人成败的思想和日常事物。

"不久前，一个年轻人来找我借钱。当我问他需要借钱的原因时，他抱怨说他的收入不足以支付他的开销。因此，我向他解释说，要是这样的话，放债人是不会把他当成自己的潜在客户的，因为他没有剩余的收入去偿还贷款。'年轻人，你要做的是去挣更多的钱，'我对他说，'你有什么办法能提高你的赚钱能力吗？''我做了我能做的一切，'他回答说，'我两个月内六次向我的主人要求加薪，但都没能成功。没有人能比我问得更勤了。'

"我们也许会笑他头脑简单，但他确实具备一个能增加收入的重要特质——他的内心中有一种强烈的欲望，即去赚更多的钱，这是一种正当而值得称赞的欲望。

"成功总在欲望之后。你的欲望必须是强烈而明确的。泛泛的欲望只是微弱的愿望，它对于一个想变得富有的人来说意义不大。对于一个人来说，想要得到五块金子才是一种他可以通过努力去实现的有形的欲望。在他目标明确地达成所愿后，他可以去寻找类似的方法先得到十块金子，然后二十块，再是一千块，看呀，他已经变得富有了。在尝试去满足他的第一个明确的小欲望的过程中，他得到了历练，从而有能力去实现更大的欲望。这就是财富得以积累的过程：首先是小笔小笔地积累，然后随着人能力的精进，变为大笔大笔地积累。欲望必须是简单而明确的。如果欲望太多、太令人疑惑或太不切实际，它们反而会使我们与财富背道而驰。

"一个人会在工作中不断完善自己，其赚钱能力也会随之不断提高。在我还是一个谦逊的刻录员的那些日子里，我每天在泥板上雕刻，只为了挣几枚铜币。那时我注意到其他工匠刻的泥板比我多，从而他们得到的报酬也更多。因此，我决心要超过他们所有人。没过多久，我就找出了他们比我更为成功的原因。因此，我变得对工作更感兴趣，对任务更专注，持之以恒地努力，看呀，很少有人能在一天内雕刻出比我更多的泥板。我以合理的速度提高了自身的技能，并得到了相应的回报，我也没有必要去向我的雇主请求加薪达六次之多。

"我们赚的钱会随着我们的智慧的提升而水涨船高。努力去学习更多技艺的人将得到丰厚的回报。如果他是一名工匠，他可能会尽可能地去向那些同行业中技艺最精湛的人学习，尝试去使用与其相同的方法和工具。如果他在努力学习法律或医学，他可能会尽量去与其他同行一起交流职业知识。如果他是一个商人，他可能会不断地去寻找质量更好、价格更低廉的商品。

"人要不断与时俱进，因为头脑灵活的人总是在寻求提高技能，以便更好地为其所倚仗的主顾服务。因此，我敦促所有人都要与时俱进，不要停滞不前，以免落在后面。许多事情都能丰富一个人的生活，并能赋予其一段有价值的经历。一个拥有自尊的人必须做以下事情：

"他必须在力所能及的范围内迅速偿还其债务，别去购买一些超出自身购买力的东西。

"他必须照顾好他的家人，让他们发自内心地认可他、称赞他。

"他必须立一份遗嘱，这样当众神召唤他时，他才能确保其财产能得以适当而体面的分配。

"他必须给予那些不幸遭受伤害和打击的人以同情，并在合理的范围内帮助他们。

"他必须体贴他所爱的人。

"因此，第七个也是最后一个治疗'囊中羞涩'的方法是去培养自身的能力——通过学习让自己变得更聪明，技艺更纯熟，这样做也是对自己的一种尊重。你可以通过这样做而获得自信，从而实现自己日思夜想的愿望。

"以上这些就是治疗'囊中羞涩'的七个方法。这些方法是从我长期的成功经验中总结出来的，我强烈呼吁所有渴望财富的人都去践行这些方法。

"我的学生们，巴比伦的金子比你们梦想中的还要多。所有人都能拥有足够多的金子。

"去实践这些真理吧，这样一来，你就可以兴旺发达，变得富有，这是你的权利。

"去教授这些真理吧，好让国王陛下的每一位尊贵的臣民都能得以分享这座我们心爱的城市里的丰厚财富。"

第五章

抓住机会

> 如果一个人运气好的话，没有人能预测出他的
> 运气到底会有多好。就算把他扔到幼发拉底河里，
> 他都能游到岸边，顺便捞上来一颗珍珠。
>
> ——巴比伦谚语

人们普遍渴望好运气。无论是在四千年前的古巴比伦，还是在今日，人们心中的这种渴望都同样强烈。我们都希望能得到幸运女神心血来潮的青睐。

我们怎样才能遇到她，不但引起她的关注，还能让她慷慨相助？有没有能吸引好运的办法？这正是古代巴比伦人想要知道的。这正是他们决心要弄清楚的。他们精明而敏于思考。这就解释了为什么他们的城市能成为

当时最富有、最强大的城市。

在那遥远的过去，他们没有学校或学院。然而，他们有一个学堂，并且那是一个非常实用的学堂。

在巴比伦高耸的建筑中，有一座与国王的宫殿、空中花园和神殿同等重要的建筑。你会发现历史书中对它鲜有提及，更可能根本就没提到过，但它却对当时人们的思想产生过巨大的影响。

这座建筑是学习的殿堂，在这里，志愿者教师们传授着其过去积累的智慧，臣民们在公开的论坛上对其感兴趣的话题进行着讨论。在这座建筑的墙壁之内，人人平等，连最卑微的奴隶都可以不受惩罚地与王室王子进行争论。

在众多经常光顾学堂的人中，有一位名叫阿卡德的智者，他被称为巴比伦首富。他有自己的专属大厅，几乎每天晚上都会有一大群人聚集在这里，他们中有年老的，也有年轻的，但大多数是中年人，大家共同讨论和争辩着一些有趣的话题。假设我们就在现场，让我们来听听他们是否知道该如何吸引好运。

当阿卡德信步走上他惯用的讲台时，落日正像一个巨大的红色火球一般穿过沙漠的尘埃迷雾。已经有整整四十个人坐在铺在地板上的小地毯上等待他的到来了，还有更多的人在陆续抵达。

"今晚我们将讨论什么呢？"阿卡德问道。

一个高个子织布匠在犹豫了一会儿之后，依照惯例站起来对他说："我有一个话题，想听听大家的看法，但又不愿意提出来，以免被阿卡德和各位好朋友取笑。"

在阿卡德和其他人的催促下，他接着说道："我今天很幸运，因为我发现了一个装着几块金子的钱包。我最大的愿望是能继续保持这份幸运。我觉得所有人都有这样的愿望。我建议我们来讨论一下如何才能吸引好运，我们是否能找到一些吸引好运的方法。"

"你提出了一个最为有趣的话题，"阿卡德评论说，"这也是一个最值得我们去讨论的问题。对一些人来说，好运意味着一个机会可能毫无征兆或毫无理由地降临到一个人身上，就像意外一样。另一些人则认为，所有好运的策划者都是我们最慷慨的女神阿斯塔，她总是急切地要用其慷慨的礼物去回报那些取悦她的人。我的朋友们，请大声说出来吧，说一说我们是不是能找到一些能吸引好运降临到我们每个人身上的方法。"

"是的！是的！快说说！"大家高声说，并且热心的听众变得越来越多。

于是，阿卡德继续说道："首先，让我们听听我们当中那些不费吹灰之力就找到或得到了珍贵的宝藏或珠宝的人的看法，有没有人有着和刚才提问的那位织布工类似的经历呢？"

现场停顿了一下，大家都环顾四周期待能有人作答，却没人接话。

"什么，没有人？"阿卡德说，"那么这种好运肯定是很少见的。我们该到哪里去继续寻找这种好运呢？有人能给些建议吗？"

"我有一些建议，"一个衣着考究的年轻人站起来说，"当我们谈论运气的时候，我们自然会想到赌桌，难道不是吗？在那里，我们不是总能看到许多人在祈求幸运女神的眷顾，希望她能让自己赢钱吗？"

当他坐下后，一个声音喊道："不要停下来！继续讲你的故事！请告诉我们，你在赌桌上得到女神的青睐了吗？她是把红色的方块翻过来，让你赚得盆满钵满，让庄家输得很惨，还是她把蓝色的一面翻上来，让庄家把你辛苦赚来的银币都卷走了？"

那个年轻人发出了善意的笑声，然后回答说："我不得不承认幸运女神甚至都不知道我的存在。但你们其他人呢？有人在掷骰子的时候得到过幸运女神的帮助吗？我们很想听听，也渴望能学学。"

"一个智慧的开端！"阿卡德打断了他的话，"我们在这里会面面俱到地探讨每一个问题，我们不该忽视赌桌，因为它体现了大多数人的共同天性——想冒险去用少量的银子博取大量的金子。"

"这的确让我想起了昨天的比赛，"另一位听众大声说道，"如果幸运女神经常光顾赌桌的话，那么她当然也不会忽视那些镀金的战车和愤怒的马所带来的刺激。老实告诉我们，阿卡德，昨天她有没有低声对你说过让你把赌注押在那些尼尼微人的灰马上？我就站在你的身后，当我听说你把赌注都押在那些灰马身上时，我几乎不敢相信自己的耳朵。你和我们大家都知道，在一场公平的比赛中，整个亚述国中没有一支马队能打败我们心爱的海湾队。幸运女神是不是在你耳边低声告诉你要押注那些灰马？因为在最后一个转弯处，里面的黑马会绊倒，从而干扰我们的海湾队，最后让那些灰马赢得了比赛而获得原本不该有的胜利。"

阿卡德对此调侃回以宽容一笑："我们有什么理由认

为那位善良的幸运女神会对人们在赌马时如何押注如此感兴趣呢？对我来说，她是一位充满爱心和令人尊敬的女神，她只乐于去帮助那些需要帮助的人，并且只会奖励那些努力付出的人。我从来不会指望在赌桌上或者任何会让参与者输多赢少的赌局中找到她，但我会在其他一些对人们来说更有价值、更能带来回报的地方发现她。

"耕种土地，诚信交易，无论做什么，一个人都有机会通过付出努力和进行交易来赚取利润。不过，他不是所有的时候都能获得回报，因为有时他可能会判断失误，有时恶劣的天气状况会让他的努力付诸东流。然而，如果他坚持下去，获取利润指日可待。这是因为通过这种方式获利的概率总是对他有利。

"但是，当一个人赌博时，情况则正好相反，因为赢钱的概率总是对他不利，却总是对庄家有利。赌局的设置总是有利于庄家的。庄家从事的行当就是通过让玩家下注来为自己赚大钱。很少有玩家会意识到庄家稳赚不亏是确定的，而他们自己是否能赢钱则是非常不确定的。

"比如，让我们来看看通过掷骰子来赌博的情况是怎样的。每次投掷时，我们都赌哪一面会朝上。如果是红色的一面，庄家则要向我们支付四倍的赌注。但是如果朝上的是其他五面中的一面，我们就会失去所有的赌注。因此，据数学推算，每赌一次，我们会输掉赌注的六分之五，但由于要是红色的一面朝上，赔率是一比四，赢了的回报则是六分之四。要是赌上一晚上的话，所有赌注的六分之一将会成为庄家预期得到的利润。一个人怎么能指望凭借其偶尔的运气而赢过精心布局的庄家呢？毕竟，要是赌博的次数足够多的话，每赌一次，他都将输掉其赌注的六分之一。"

其中一位听众自告奋勇地说："然而，有些人有时确实能大笔大笔赢钱。"

"的确如此，"阿卡德继续说道，"就这一点，我不禁要问，以这种方式获得的金钱是否会给那些如此幸运的人带来永久的价值呢？我和许多巴比伦的成功人士都很熟，但据我所知，他们当中没有一个人是通过这种方式淘得第一桶金的。

"今晚聚集在这里的各位一定认识更多令人敬重的臣民。我很想知道到底有多少成功人士是在赌桌上开启自己的成功之路的。请把你们知道的这样的人告诉我，好吗？"

在一段长时间的沉默之后，一个爱开玩笑的人勇敢地问道："庄家算吗？"

"要是你们真的想不出其他人的话。"阿卡德回答。

"如果你们中没有一个人能想到其他人的话，那么你们自己呢？我们中间有没有谁是赌桌上的常胜者，但是还在犹豫是否要建议大家将此种方式作为收入的来源。"

大家对他的提问报以叹息声，随后有些人禁不住笑起来，笑声逐渐蔓延开来。

"看来我们试图寻求好运的领域并不是幸运女神经常光顾之地，"他继续说，"因此，让我们去探索其他领域吧。幸运女神并不经常出现在能捡到别人丢失的钱包的地方；她也不怎么光顾赌桌；在任何赛事上下赌注，我们也总是输多赢少。

"现在，让我们来看看我们的生意和手艺。如果我们从某笔交易中赚到了可观的利润，我们会认为这不是运气，而是对我们努力的公正奖赏，这难道不是很自然的吗？然而，我却倾向于认为我们可能忽视了幸运女神的恩赐。也许，尽管我们未对她的慷慨表示感谢，但她确实帮助了我们。谁能说说下一步我们该讨论什么？"

随之，一位上了年纪的商人站了起来，并将他那优雅的白色长袍整理平整，然后说道："应您所求，最令人尊敬的阿卡德和我的朋友们，我有一个建议。正如你所说，如果我们把自己的事业成功归功于自身的手艺和能力，尽管我们已经竭尽全力了，可是我们还是与一些赚大钱的机会失之交臂，这又作何解释呢？如果我们真抓住了这些机会，这些罕见的例子将能证明好运的存在。由于这些赚钱的机会没能变为现实，我们不能认为我们的努力得到了公正的奖赏。在座肯定有很多人都有过这样的经历。"

　　"这是一个非常好的建议，"阿卡德赞同道，"你们当中有谁有过这样的经历？本来唾手可得的好运却转瞬就溜走了？"

　　许多人都举起手来，那位商人也在其列。阿卡德示意他发言。"这个建议是您提出来的，我们希望先听取您的见解。"

　　"我很乐意讲一个故事，"那位商人接着说，"从这个故事中，我们能够看到好运是多么接近一个人，他又是多么盲目地放任它溜走的。他因此错失很多，后来又后悔不已。

"许多年前，那时我还是一个年轻人，刚刚结婚并开始赚钱，有一天我父亲来了，他强烈建议我做一笔投资。他的一个好朋友的儿子注意到我们城市外墙不远处有一块贫瘠的土地，那块地地势很高，处于运河之上，因此水流不到那里。

"我父亲的朋友的儿子计划要购买那块土地，并在那里建造三个由牛来拉动的大型水轮机，从而将生命之水注入那里肥沃的土壤中。完成这一工程后，他计划将土地分割成小块，并将其出售给城里的居民用来种植草药。

"我父亲的朋友的儿子没有足够的金子来完成这样一个项目。他和我一样，只是一个收入尚可的年轻人。他的父亲和我父亲一样，他们都有一个大家庭，并且收入微薄。因此，他决定吸引一批人来共同成立一个企业以完成这一项目。这批人由十二个人组成，每个人都必须是有固定收入的人，并且他们需要同意将其收入的十分之一投入到该企业，直到这块土地能够出售。然后，所有人都将按照他们的出资比例公平地分享利润。

"'你，我的儿子，'我父亲对我说，'你现在已经是一个青年人了。我深切地希望你能开始为自己建立一项

有价值的产业，它将使你得到人们的尊重。我希望看到你从你父亲所犯的轻率错误中吸取教训，从而获益。'

"'这也是我最热切的愿望，我的爸爸。'我回答。

"'那么，照我建议你的去做。我在你这个年纪本应该这样做。从你的收入中拿出十分之一用于利润丰厚的投资。在你到我这个年龄之前，这十分之一的收入和其带给你的利息将能使你为自己积累下一笔宝贵的财富。'

"'你的话语充满智慧，我的父亲。我非常渴望财富。但是，我有很多要花钱的地方。因此，我不想照您的建议去做。我还很年轻，还有很多时间。'

"'我在你这个年纪就这样想，但看哪，许多年过去了，我还没有开始行动。'

"'我们生活在不同的时代，我的父亲。我将避免犯您那样的错误。'

"'机会就在你面前，我的儿子。它提供了一个可能带来财富的机会。我求你，不要耽搁。明天就去见我那个朋友的儿子，和他讨价还价，把你收入的百分之十投入这个项目里。明天马上去。机会不等人，今天它在这里，很快它就会消失。因此，不要拖延！'

"尽管我父亲对我提出了这个建议，但我还是犹豫了。商人们从东方刚带回来一些漂亮的新长袍。这些长袍是如此雍容华贵，我的妻子和我都觉得我们每个人都必须拥有一件。如果我同意把我收入的十分之一投入那个企业中的话，我们就不得不放弃我们所珍视的一些能给我们带来乐趣的东西。我迟迟未决，直到为时已晚，这让我后来感到非常遗憾。事实证明，那个投资项目比任何人所预期的都要赚钱。这就是我的故事，大家可以从中看出我是如何让好运逃脱的。"

"在这个故事中，我们看到好运只会降临到那些懂得抓住机会的人身上，"一个来自沙漠地区的黝黑男子评论道，"千里之行，始于足下。一切可能都始于一个人从他的收入中留存出几块金子或银子以用于其初始投资。我拥有一大群牛。我的牛群始于一只牛犊，它是我还是个孩子的时候用自己仅有的一枚银币买来的。我的财富始于此，这对我来说是最为重要的。

"开始经营属于自己的产业对任何人来说都是好运降临的第一步。对于所有人来说，这第一步都很重要，这让他们从靠出卖自己劳动赚钱的人转变为靠从自己的黄金中获得红利的人。幸运的是，有些人年轻时就开始了这一步，从而取得了财务上的成功，在经济上超越了那些晚一些才开始的人，或者是那些像这位商人的父亲那样从未开始这样做的不幸的人。

"如果我们的朋友——这位商人——在他年轻的时候，在这个机会到来的时候，就迈出了这一步，那么今天他将能幸运地拥有更多世界上的好东西。如果我们的朋友——那位织布工——现在开始迈出这一步，那这的确会成为他收获更大的好运的开始。"

"谢谢！我也想发言。"一个来自另一个国家的陌生人站了起来，"我是叙利亚人。我不太会说你们的语言。我想有个称呼可以很好地形容这位商人朋友。也许，你们会认为这样称呼一个人是不礼貌的，但我觉得这样称呼他再合适不过了。但是……唉……我不知道该怎么说。如果我用叙利亚语说，你们会听不懂的。因此，在座谁能好心地告诉我，该如何用你们的语言去称呼一个总是拖延去做那些对他有好处的事情的人呢？"

"拖延者。"一个声音喊道。

"没错，就是这个！"那个叙利亚人兴奋地挥手喊道，"机会来临的时候，拖延者不接受机会。他选择等待。他说他现在有很多事情要做。再见，再见，回头再说……机会从来不会等待这种迟迟不回应的人。他认为，如果一个人想走运的话，他会很快做出回应。任何一个在机会到来时不马上行动的人都是一个大拖延者，就像我们的那位商人朋友，他就是那样的人。"

商人站起来善意地鞠了一躬以回应大家的笑声，并说道："我很敬佩你，我们城内的陌生人，你毫不犹豫地说出了真话。"

"现在让我们来听听关于机会的别的故事。谁能给我们讲讲自己的经历？"阿卡德问道。

"我有这样的经历，"一位身着红袍的中年男子回答说，"我是收购牲口的，大部分时候收骆驼和马，少部分时候我也买绵羊和山羊。我将要讲述一个故事，它能真实地反映出机会如何在一夜之间不期而至。也许，正是因为它的不期而至导致我让它溜走了。对此，你们将会有自己的判断。

"一天晚上，在经过十天寻找骆驼的令人沮丧的旅程后，当我回到城门下的时候，却发现城门紧闭。我的奴隶们搭起帐篷，我们准备在里面过夜，此时我们的水和食物已经所剩无几了。这时，一位上了年纪的农民向我走了过来，他也和我们一样被关在城门外了。

"'尊敬的先生，'他对我说，'从你的外表来看，我判断你应该是个收购牲口的买家。如果真是这样的话，我很想把刚刚赶来的一群最好的羊卖给你。唉，我那贤惠的妻子病得很厉害，我必须尽快回去。求你买下我的羊吧，好让我和我的仆人能尽快骑上骆驼回去。'

"天太黑了，我看不见他的羊群，但从咩咩的叫声中我能听出来，那一定是个很大的羊群。

"我花了十天时间去寻找骆驼，却没有找到。我很乐于和他讨价还价。他在焦虑中确实定下了一个最为合理的价格。我接受了，因为我知道我的奴隶们可以在早上把羊群赶进城，然后以较高的价格出售，得到可观的利润。

"交易完成后，我叫我的奴隶们带上火把，我们想数一数这群羊，看看是不是如农夫所说的有九百只。我的朋友们，我不想向你们描述我们在数那么多口干舌燥、焦躁不安、到处乱转的羊时遇到了多少困难。事实证明，这是一项不可能完成的任务。因此，我直截了当地告诉那个农夫，我会在天亮之后数一下，然后再付给他钱。

"'最可敬的先生，'他恳求道，'请您今晚只付给我三分之二的价钱，我就可以上路了。我会让我最聪明、最有教养的奴隶在早上帮忙数羊。他是值得信赖的，您

可以把余款付给他.'

　　"但那天晚上我很固执，拒绝了他付款的请求。第二天早上，我还没醒来，城门就开了，四个买主冲出来寻找羊群。他们的购买意向强烈，并且愿意支付高昂的价格，因为城池受到可能被包围的威胁，并且城里食物不充足。他们购买羊群的价格几乎是那位老农夫卖给我的三倍。因此，我就这样与难得的好运失之交臂了。"

　　"这是一个最不寻常的故事，"阿卡德评论道，"我们能从中悟出什么智慧呢？"

　　"当我们确信我们的交易是笔好买卖时，立即付款才是明智之举。"一位德高望重的马鞍匠说道，"如果遇到好买卖，那么你需要果断交易，以防受到自己或对方的弱点的影响。我们这些凡人都是善变的。唉，我必须承认，我们倾向于在做出对的选择时轻易改变主意，而在做了错的选择时却执迷不悟。是的，我们容易摇摆不定，从而让机会溜走。我的第一判断总是最好的。然而，我永远发现自己很难强迫自己在达成一桩好买卖后继续进行该交易。因此，为了防范我自己的弱点，我会立即付定金。这使我以后能不再为错失了本该属于自己的好运而感到后悔。"

"谢谢！我还想发言，"那个叙利亚人又站了起来，"这些故事都非常相似。每次机会都出于同样的原因而飞走。每次她带着绝好的安排降临到那些拖延者面前时，他们都会犹豫，而不认为现在就是最好的时机，自己得赶快行动。人要是这样做怎么会成功呢？"

　　"你的话很有道理，我的朋友，"那个收购商回答，"在这两个故事中，好运总是会与拖延者失之交臂。然而，这并不罕见。拖延属性存在于我们每个人的内心。我们渴望财富，然而，每当机会出现在我们面前时，这种内心中的拖延属性都会使我们表现出各种拖延，迟迟不抓住它。要是任凭这种事发生，我们便成了自己最大的敌人。在我年轻的时候，我并不知道这位来自叙利亚的朋友所提出的那个词——'拖延者'。起初，我确实认为是我自己糟糕的判断力导致我错过了许多有利可图的买卖。后来，我则把这归咎于我那顽固性格。最后，我确实认识到了其中真正的原因——我总是习惯于在本该采取迅速而果断的行动之时拖延。当拖延露出真面目时，我无比讨厌它。我就如同一只被拴在战车上的野驴，伴随着痛苦，我最终从我的敌人手里挣脱出来，取得了成功。"

"谢谢！我想问商人先生一个问题。"那个叙利亚人说道，"您穿着考究的长袍，那长袍可不像穷人的长袍。从您说话的方式来看，您像是个成功人士。请告诉我们，当拖延在您耳边低语时，您现在还会听它的吗？"

"就像我们那个买家朋友一样，我也必须认识到这一问题，并克服拖延。"商人回答道，"对我来说，事实证明，它是我的一个敌人，它一直在监视我并伺机阻挠我取得成功。

"我所讲述的故事只是我知道的许多类似的例子中的一个，它令我们看到机会是如何被拖延赶走的。一旦认识到这一点，克服起来其实并不难。没有人会允许小偷去其谷仓偷盗，也没有人愿意让一个敌人赶走他的顾客，从而使他赚不到利润。有一次，当我意识到我的敌人正在做这样的事时，我下定决心要征服它。因此，要是我们期望能从巴比伦宝贵的财富中分得一杯羹，那么我们每个人都必须改掉拖延的习惯。"

"你说什么，阿卡德？因为你是巴比伦最富有的人，所以很多人都说你也是最幸运的人。除非一个人能彻底粉碎其内心中的拖延，否则他便无法取得彻底的成功。您同意我的看法吗？"

"正如你所说，"阿卡德表示认同，"在我漫长的一生中，我目睹了一代又一代人沿着交易、科学和学习之路前行，而这些路都通往成功。机会降临到了所有这些人身上。一些人抓住了机会并稳健地实现了其最深切的愿望，但大多数人则犹豫、踌躇，从而落于人后。"

阿卡德转向那个织布工匠，对他说道："您建议我们大家来讨论好运。让我们听听您现在对这个问题的看法吧。"

"我确实从另一个角度来看待好运。我曾认为它是一个人不费吹灰之力就可能遇到的最令人渴望的东西。现在，我确实意识到好运这种东西并不是靠一个人自己就可以吸引来的。从我们的讨论中，我学到，若要吸引好运，必须利用好机会。因此，我在未来将努力去充分利用那些降临到我身上的机会。"

"你很好地抓住了我们在讨论中所提出的真理，"阿卡德回答说，"我们的确发现，运气往往随机遇而来，但很少会随其他东西而来。如果我们的商人朋友接受了幸运女神赐给他的机会，他会发现自己非常幸运。同样，如果他买下了那群羊并以如此可观的利润将其出售，那么我们的买家朋友本该对其好运津津乐道。

"我们进行这场讨论是为了找到一种可以吸引好运的方法。我觉得我们已经找到了这种方法。这两个故事都说明了好运是如何伴随机遇而来的。这里有一个真理，许多类似的好运故事也都能表明这个真理，不论成败，这个真理都不会改变。这个真理是：接受机会可以吸引好运。

"那些渴望抓住机会以图自我完善的人确实能引起善良的幸运女神的兴趣，她总是渴望帮助那些会使她高兴的人，而行动派最能令她高兴。

"只有采取行动才能让你取得你所渴望的成功。"

幸运女神青睐行动派。

第六章

获得财富的五条法则

"如果让你在一个装满金子的袋子和一块刻有智慧文字的泥板中选一个,你会选哪个?"

燃烧的沙漠灌木闪烁着火光,被太阳晒得黝黑的听众们的脸上闪烁出饶有兴趣的光芒。

"金子,金子。"二十七个人异口同声地说。

老卡拉巴会意地笑了。"听着,"他继续说,并把手举了起来,"听野狗在夜里的嚎叫。它们之所以哀嚎是因为它们饿得不行了。然而,要是给它们喂些食物,它们会做什么呢?它们会去战斗以及昂首阔步地行进。它们会一直这样下去,不考虑明天终会到来。

"世人也是如此。给他们一个在金子和智慧之间进行选择的机会——他们会做什么呢?忽视智慧,挥霍黄金。第二天，他们就哀号起来，因为他们没有更多的金子了。只有那些知悉法则并遵循法则的人才能守住金子。"卡拉巴把他那白色的长袍紧紧地裹在其瘦削的双腿上，因为一阵凉爽的夜风刮起来了。

"因为你们在我们漫长的旅途中忠实地为我服务，照顾好了我的骆驼，毫无怨言地在炎热的沙漠中辛勤劳作，勇敢地与要抢劫我的商品的强盗搏斗，今晚我要给你们讲讲关于黄金的五条法则的故事，你们应该从来都没有听过。请仔细听我说的话，因为如果你们能领会其含义并加以注意，在未来的日子里，你们将拥有许多黄金。"

他意味深长地停顿了一下。天幕湛蓝，巴比伦如洗的晴空之中闪耀着点点星光。在这群人的身后隐约可见褪色的帐篷，那些帐篷被紧紧地用木桩固定着，以防备可能发生的沙漠风暴。帐篷旁边整齐地堆放着一捆捆裹着羊皮的商品。附近的骆驼群四肢伸展地趴在沙子上，其中一些自在地反刍着，另一些则打着粗鼾。

"你给我们讲了很多好的故事，卡拉巴，"负责包装的首席工匠大声说道，"我们期待能听一听你那智慧的故事，希望这些智慧能在我们终止为你服务的次日给我们一些指引。"

"我只给你们讲过我在那陌生而遥远的地方的冒险经历，但今晚我要给你们讲讲阿卡德的智慧，他是一个聪明的富人。"

"我们听说过很多关于他的事，"首席包装工匠表示认同，"因为他是巴比伦有史以来最富有的人。"

"他之所以会成为有史以来最富有的人，是因为他在赚取黄金方面很有智慧。今天晚上，我要给你们讲讲他的伟大智慧。这个故事是多年前在尼尼微，他的儿子诺曼西告诉我的，当时我还只是个孩子。

"我的主人和我在诺曼西的豪宅里待了很长时间。我帮我的主人带来了一大捆儿做工精美的地毯，并让诺曼西把每一块儿都试了一下，直到他选到满意的颜色。最后，他非常高兴，命令我们坐在他身边，并给我们喝了一杯稀有的、香味扑鼻的葡萄酒，这酒极为暖胃，这在这种饮品中是极为少见的。

"那么，他有没有给我们讲关于他父亲阿卡德的伟大智慧呢？就是我将要给你讲的那个。

"你知道，在巴比伦有一个习俗，有钱人的儿子们会和他们的父母住在一起，以便继承遗产。阿卡德却不认同这个习俗。因此，当诺曼西成年时，阿卡德把那个年轻人叫了来，并对他说：

"'我的儿子，我希望你继承我的产业。然而，你必须首先证明你有能力把它经营好。因此，我希望你到外面的世界去走一走，展示一下你的能力，不但要赚取黄金，还要在社会中树立起自己的威信。为了让你拥有一个良好的开端，我将给你两样东西，而我自己在贫穷的青年时期白手起家时却没有这两样东西。首先，我给你这袋金子。如果你明智地使用它，它将成为你未来成功的基石。其次，我给你这块泥板，上面刻着关于黄金的五条法则。如果你能够领悟并践行它们，它们则会赋予你能力和保障。从今天算起的十年后，你要回到父亲的家里以作交代。如果你证明了自己的价值，我会让你成为我财产的继承人。不然，我将拿这些财产去祭祀诸神，以换取我灵魂的安息。'

"于是，诺曼西带着他那装着黄金的袋子和用丝布精心包裹着的泥板离开了。他和他的奴隶骑着马，绝尘而去。

"十年过去了，诺曼西按照约定回到其父亲的家中，他的父亲为他举行了一场盛大的宴会，邀请了许多亲朋好友参加。宴会结束后，他的父母坐在大厅一侧的宝座上，诺曼西站在他们面前，如他答应过他父亲的那样向他们介绍了自己的情况。

"那是一个夜晚，油灯发出的昏暗光线隐约地照亮了房间，从灯芯里冒出的烟使房间变得烟雾缭绕。穿着白色针织夹克和束腰外衣的奴隶们用长柄棕榈叶有节奏地扇动着潮湿的空气，场面庄严。诺曼西的妻子、他们的两个年幼的儿子以及其他亲朋都坐在诺曼西身后的地毯上，热切地倾听着。

"'我的父亲，'他恭敬地开始说，'我折服于您的智慧。十年前，当我刚跨入成年的门槛时，您命令我走出去，去成为社会的一员，而不是成为您的财富的附庸。您慷慨地给了我您的金子，您慷慨地赐予我您关于黄金的智慧！我必须承认我的做法是灾难性的。事实上，由于缺乏经验，黄金从我的手中逃走了，就像野兔一有机会就从抓住它的年轻人手中逃走了似的。'

"父亲宽容地笑了：'继续，我的儿子，我对你的故事的所有细节都很感兴趣。'

"'我决定去尼尼微，因为它是一个不断发展的城市，我相信我可能会在那里找到机会。我加入了一个商队，并在其中结交了许多朋友。他们当中有两个口才很好的人，这两个人有一匹最漂亮的白马，那马跑起来风驰电掣。

"'在行程中，他们私下告诉我，在尼尼微有一个富人，他有一匹跑得很快的马，从来没有跑输过。它的主人相信没有一匹马能比它跑得更快。因此，他愿意下任何赌注，无论数额有多大，去赌他的马比巴比伦全境内的其他任何一匹马跑得都快。然而，我的朋友们却说，和他们的马相比，那匹马只不过是一头笨重的驴，轻易就能被打败。作为一个巨大的恩惠，他们提议允许我和他们一起下注。我完全被这个计划迷住了。结果，我们的马败得很惨，我输掉了很多金子。'

"父亲笑了笑。

"'后来，我发现这是这些人设下的一个骗局，他们经常混入商队以寻找被骗对象。您看，尼尼微的那个人是他们的搭档，他们会一起分那些赢来的赌注。这一精明的骗局给我上了第一堂课——要学会保护自己。

"'我很快又上了另外一堂课，过程同样痛苦。商队里还有一个年轻人，我对他很友好。他的父母也很富有，他和我一样也要前往尼尼微，去看看那里是不是适合自己发展的地方。我们到达后不久，他告诉我，一位商人去世了，他的店铺有着种类繁多的商品和络绎不绝的顾客，我们可以以非常低廉的价格将它盘下来。他说，我们将成为平等的合伙人，但他必须先返回巴比伦去取他的黄金，他说服我让我先用我的黄金购买股份，而他的黄金则用于日后的运营。

"'他迟迟拖延着回巴比伦的行程，同时我发现他原来是一个不明智的买主和愚蠢的挥霍者。我最终把他赶走了，但生意也越做越差，最后店里只有滞销的商品，再没有黄金可以用来购买其他商品了。最后，我把那些滞销的商品以白菜价卖给了一个以色列人。

"'我告诉您，父亲，我的苦日子很快就来临了。我尝试去找工作，却没找到，因为我不懂做生意也没参加过什么技能培训。我卖了我的马。我卖了我的奴隶。我还卖了我多余的长袍。这样一来，我就可以有食物果腹、有地方睡觉了，但日复一日这样下去，总会捉襟见肘。

"'然而，在那些痛苦的日子里，我想起了您对我的信任，我的父亲。您遣我出去闯荡事业，我下定决心要不辱使命。'

"听到这里，母亲不禁掩面抽泣。

"'这时，我想起了您给我的那块刻着关于黄金的五条法则的泥板。于是，我非常仔细地阅读了您饱含智慧的文字。我意识到，要是我先看过这些智慧的文字，我的那些金子就不会白白赔掉了。

"'我用心学习了每一条法则，并下定决心，当幸运女神再次向我微笑时，我会去践行长者的智慧，而不是去追随缺乏经验的年轻人的想法。

"'为了今晚在座各位的福利，我将给大家念念我父亲十年前所给我的那块泥板上刻着的智慧之言：

五条关于黄金的法则

1. 任何人只要愿意拿出不少于其收入的十分之一的钱来为自己和家人的未来创造财产，那么黄金就会欣然而来并积累增益。

2. 当黄金的主人为它们找到了"酬劳丰厚的工作"后，黄金便会为其聪明的主人辛勤而满足地劳作，从而如同田野上的羊群一样繁衍生息。

3. 谨慎的黄金持有者会根据长于投资黄金的人士的

建议进行黄金投资，从而能使其黄金得以保障。

4. 如果一个人将黄金投资于他不熟悉的业务或目标，或投资于那些长于投资黄金的人士不认可的业务或目标，黄金就会从其手中溜走。

5. 如果一个人想强迫黄金去获得不可能的高收益，或者听从骗子和阴谋家的诱人建议，或者遵从他自己缺乏经验又浪漫的想法进行投资，那么他就会失掉其黄金。

"'这是我父亲写的五条关于黄金的法则。我不得不承认，它们比黄金本身更有价值，这将在我接下来要讲的关于我的故事中得到验证。'

"他再次面向他的父亲：'我曾告诉过您，我的缺乏经验使我陷入了极度的贫困和绝望。然而，时过于期，否终则泰。我终于找到了一份负责管理一队修建新的城市外墙的奴隶的工作，从此我的情况发生了转变。

"'得益于我对黄金第一法则的了解，我从我的第一笔收入中留存出一枚铜币，并且一有机会就多攒下一枚铜币，直到我得到了一枚银币。这是一个缓慢的过程，因为人得维持生计呀。

"'我承认，我确实不愿意花钱，因为我决心在十年过去之前赚回父亲您给我的那些金子。

　　"'有一天，和我关系很好的奴隶主对我说："你是一个节俭的年轻人，挣的钱从不乱花。可是你把金子放在哪里了，没用它们去生钱吗？"

　　"'"是的，"我回答，"我最大的愿望是积攒黄金，希望有朝一日能攒够我父亲给我却被我亏掉的那个数。"

　　"'"我认为这是很有价值的雄心壮志，但你知道你所积攒的金子其实可以为你工作，并为你赚来更多的金子吗？"

　　"'"唉！我在这方面的经历是惨痛的，我曾把我父亲给我的金子都亏掉了，我非常害怕我会再亏掉自己的金子。"

　　"'"如果你相信我，我就给你上一堂关于有效投资黄金的课，"他回答说，"在一年内，外墙就会竣工，到时候每个入口可能都需要装上一些青铜大门，以保护城市免受国王的敌人的入侵。在整个尼尼微都找不到足够的金属来建造这些大门，国王也没有想过要提供这些大门。我的计划是这样的：我们一群人将把我们的黄金集中起来，派一辆大篷战车去往那些遥远的铜矿和锡矿，并从那里把建造大门要用的金属运到尼尼微。当国王命令建造大门时，只有我们能提供那些金属，他将支付给我们优厚的价格。就算国王不向我们购买金属，我们仍能将那些金属以公道的价格卖出去。"

"'听了他的提议后，我觉得我要有机会践行第三条法则了——在智者的指导下投资我的积蓄。这次我也没有失望。我们成功地筹措到资金，而我投入的那少量黄金因这笔交易而得以大幅增加。

"'这时，这群人又同意我跟着他们一起去投资一些其他项目。他们都是懂得如何有效投资黄金的智者。他们在进行投资前会仔细地讨论每一个提出的计划。他们不会去冒失去本金的风险，他们不会把本金投到无利可图的项目上，因为那样做他们的黄金就收不回来了。他们是不会考虑去做我曾做过的那些愚蠢的投资的，比如赛马和在没有经验的情况下就与别人合伙开商铺。他们会立即指出此类投资的弱点。

"'通过与这些人的交往，我学会了以安全的方式进行黄金投资以获取可观的收益。随着岁月的流逝，我的财富增长得越来越快。我不仅赚回了我亏掉的那些黄金，还赚到了更多的黄金。

"'在经历了不幸、尝试和成功之后，我发现了关于黄金的五条法则之中所蕴含的智慧，我的父亲，这些法则一次又一次地被验证是对的。对不懂这五条法则的人来说，黄金来之不易，去得也快，但对于遵守这五条法则的人来说，黄金则是他忠实的奴隶。'

"诺曼西停下了话语，他向房间后面的一个奴隶做了个手势。那个奴隶依次拿出了三个沉重的皮包，诺曼西从中取出一个放在地上，并面向他的父亲再次说道：'您给了我一袋金子，巴比伦的金子。看呀，我要还给您一袋同等重量的尼尼微的金子，价格公允的等价交换。您给了我一块刻有智慧的泥板。看呀，我再还给您两袋金子作为回报。'说着，他从奴隶手中接过另外两个袋子，同样放在他父亲面前的地上。

"'我是想以此向您证明，我的父亲，我认为您的智慧比您的黄金有着更大的价值。黄金有价，智慧无价。缺乏智慧的人很快就会失掉金子，只有拥有智慧，一个人才能保住他的金子，这三袋金子就证明了这一点。

"'我的父亲，我带着最深切的满足感站在您的面前，可以说，正是由于您的智慧，我才变得富有和受人尊敬。'

"父亲深情地把手放在诺曼西的头上。'你学习得很好，能有你这样一个儿子是我的幸运，我可以把我的财富托付给你了。'"

卡拉巴的故事讲完了。他用批判的眼神审视着他的听众。

"诺曼西的故事对于你们来说意味着什么呢？"他接着说道，"你们中间有谁能去见你父亲或你妻子的父亲，去告诉他该如何明智地利用其收入进行理财？

"如果你对他们说：'我去过很多地方，学到了很多知识，亏掉过很多金子，也赚到过很多金子，但可惜的是，我没攒下多少金子。有些金子我花得很明智，有些金子我花得很愚蠢，我还不明智地亏掉过很多金子。'这些可敬的人会怎么想呢？

"有些人有很多金子，而另一些人则一无所有，难道你还会认为这是命运的不公吗？那你就错了。当人们懂得了关于黄金的五条法则并遵守了这些法则时，他们就会拥有很多黄金。

"因为我年轻时学会并遵守了这五条法则，所以我成了一个富有的商人。我不是靠某种奇怪的魔法去积累财富的。那种通过'魔法'得来的财富来得快，去得也快。

"财富是要慢慢积累的，因为它是由知识和对目标坚持不懈的精神共同孕育出的孩子。

"获取财富对一个有思想的人来说只是一个小小的担子，年复一年，他持续地挑着这个担子，最后达成了目标。

"如果你去遵守那五条关于黄金的法则，你就能获得丰厚的回报。

"这五条法则中的每一条都蕴含着丰富的意义，我现在将把它们重复一遍，以免你们在听我讲故事的时候将其忽略了。我对每一条法则都了然于胸，因为在我年轻的时候，我看到了它们的价值，只有在逐字逐句地掌握了它们之后，我才满足。"

关于黄金的第一条法则

任何人只要愿意拿出不少于其收入的十分之一的钱来为自己和家人的未来创造财产，那么黄金就会欣然而来并积累增益。

"任何人只要持续地将他收入的十分之一留存出来并进行明智的投资，他就一定会创造出宝贵的财富。这些财富会在未来给他带来收入，并在他被神灵召唤到那个黑暗的世界之后为他的家人提供生活保障。这条法则是说，黄金会欣然地来到这样的人的身边。我积累的金子越多，黄金就越愿意到我这儿来，我拥有的黄金的数量就会一直增加。我存下的金子又给我带来更多的收益，而收益又会带来收益，你的黄金也是一样的，利滚利，这就是第一条法则所发挥的作用。"

关于黄金的第二条法则

当黄金的主人为它们找到了"酬劳丰厚的工作"后，黄金便会为其聪明的主人辛勤而满足地劳作，从而如同田野上的羊群一样繁衍生息。

"黄金的确是一个有意愿工作的劳动者。当机会出现时，它总是渴望成倍增长。

"对于每一个有一些黄金积累的人来说，抓住机会都会给他们带来最大的利润。随着岁月的流逝，黄金会以惊人的方式成倍增长。"

关于黄金的第三条法则

谨慎的黄金持有者会根据长于投资黄金的人士的建议进行黄金投资，从而能使其黄金得以保障。

"黄金的确会紧紧地跟随其谨慎的主人，却会从其粗心的主人那里逃走。那些向善于做黄金投资的智者寻求建议的人很快就能学会如何才能不亏损本金，安全地保存其财富，以及让其财富以令人满意的速度不断增长。"

关于黄金的第四条法则

如果一个人将黄金投资于他不熟悉的业务或目标，或投资于那些长于投资黄金的人士不认可的业务或目标，黄金就会从其手中溜走。

"对于一个拥有黄金却不善于管理黄金的人来说，很多黄金投资项目看起来都是异常有利可图的。然而，这些项目却往往充满了亏损本金的风险。智者通过正确分析就能判断出，其盈利的可能性很小。因此，没有经验的黄金持有者要是相信自己的判断，并将其黄金投资于自己不熟悉的业务或目标，他们往往会发现自己的判断是不准确的，并且最后要用自己的财富为自身的缺乏经验而交学费。在精于黄金投资之道的人的指点下进行财富投资才是明智之举。"

关于黄金的第五条法则

如果一个人想强迫黄金去获得不可能的高收益，或者听从骗子和阴谋家的诱人建议，或者遵从他自己缺乏经验又浪漫的想法进行投资，那么他就会失掉其黄金。

"像冒险故事一样激动人心的奇幻投资项目总是会

令黄金易主。那些投资项目看起来似乎能赋予财富一种神奇的力量，使其能够获得不可能的收益。然而，你们要留心智者的看法，因为他们确实知道每一个暴富计划背后所隐藏的风险。别忘了尼尼微的富人们，他们不会去冒亏损本金的风险，也不会去冒将本金用于无利可图的投资项目的风险。

"关于黄金的五条法则的故事到此就结束了。在向你们讲述这个故事的过程中，我已经把自己成功的秘诀告诉了你们。然而，它们也不是什么秘密，要是你们不想像野狗一样每天都要为食物而担忧的话，那么这些法则就是你们每个人都必须首先学习并遵循的真理。

"明天，我们将进入巴比伦。看呀！看那贝尔神庙上方永远燃烧的火焰！我们已经能看到那座黄金之城了。

"明天，你们每个人都将拥有黄金，这些黄金是你们通过忠诚的服务而获得的。如果你们中间有人像诺曼西一样，用一部分黄金为自己置办下一些产业，并明智地接受了阿卡德的智慧的指引，从一个挣安稳工资的打工人变成了如阿卡德之子一样富有而受人尊敬的人，那么在十年之后的今晚，你们能给我讲讲你们是如何使用这些黄金的吗？

"要是我们一生都去践行这些明智之举，我们就会从中受益并且过得很快乐。唉，我们不该忘记，那些最令我们感到痛苦的记忆，其实是关于那些本该抓住却最终与之失之交臂的机会的。

"巴比伦是如此富庶，其财富数不胜数。每年，巴比伦人都会变得更加富有，其财富都会得以增值。就像每一块土地上埋藏的宝藏一样，巴比伦的宝藏也是一种奖赏——一种等待着那些决心要从中公平地分得一杯羹的有志者的丰厚奖赏。

"一种神奇的力量存在于你的欲望之中。请用你对关于黄金的五条法则的知识去引导这种力量吧，你将能分享到巴比伦的宝藏。"

第七章

谨慎投资

五十块金子！古巴比伦做矛的工匠罗丹的皮钱包里从来都没有装过这么多金子。他以至高无上的国王陛下的宫殿那儿为起点，沿着大路兴高采烈地大步走着。他腰带上系着的钱包每走一步都会晃动，里面的金子叮当作响，这是他听过的最美妙的音乐。

五十块金子！都是他的！他差点儿和他的好运失之交臂。那些叮当作响的东西可真有威力啊！金子能买到任何他想要的东西——豪宅、土地、牛、骆驼、马、战车——无论什么，只要他想要。

他该怎么使用它呢？今天晚上，当他拐入一条通往他姐姐家的小街时，他想不出什么会比那些闪闪发光的、沉甸甸的金子更值得他拥有的了。

几天后的一个晚上，带着些许迷惑的罗丹走进了马顿的商店——马顿是个黄金的出借者，也是珠宝和稀有纺织品的经销商。他没有对那些精心陈列的五颜六色的物品左顾右盼，而是径直地走到了后面的起居室。在这里，他找到了温文尔雅的马顿。马顿正懒洋洋地躺在地毯上，吃着一个黑人奴隶端来的饭菜。

　　"我想和你商量一下，因为我无所适从。"罗丹不动声色地站着，双脚开立，敞着皮夹克的前襟，露出毛茸茸的胸脯。

　　马顿那张又窄又黄的脸露出微笑，他友好地打招呼道："你做了什么草率的事竟要找一个金子放贷人呢？你在赌桌上的运气不好吗？还是哪个丰腴的女人把你缠住了？我认识你很多年了，但你从来没有找我帮你渡过什么难关。"

　　"不，不。不是那样的。我不是为借黄金而来的，我来是因为我渴望能向您寻求一些明智的建议。"

　　"听！听！这个人在说什么？没有人会来向黄金放贷人寻求什么建议的。我的耳朵一定在欺骗我。"

　　"您的耳朵没骗您。"

　　"这是真的吗？制矛工匠罗丹比其他人都要狡黠，

因为他来找马顿不是为了借金子，而是为了求建议。许多人到我这里来，而他们的目的是为自己的愚蠢行为买单，但至于建议，他们可不想听。然而，许多人陷入困境时都会来找黄金放贷人，因此谁提的建议能比他提的好呢？"

"你和我一起吃饭吧，罗丹，"他继续说，"今晚你将是我的客人。"他命令黑奴说："安多，给我的朋友——制矛工匠罗丹——拿块地毯来，他是来向我寻求建议的。他是我的贵宾。多给他拿些食物，把我最大的杯子拿来给他用。挑最好的葡萄酒，好让他满意地畅饮一番。现在，快告诉我你有什么烦恼吧。"

"是国王的礼物。"

"国王的礼物？国王给了你礼物，这给你带来麻烦了吗？什么样的礼物呢？"

"因为他对我为锦衣卫的长矛做的创新设计感到非常满意，所以他给了我五十块金子，而现在我感到非常困惑。太阳东升西落，每过一个小时都会有人来恳求我和他分享我的金子。"

"这是很自然的。想要黄金的人多，而拥有黄金的人少，他们希望能从一个轻而易举就得到黄金的人那里分一杯羹，但你说'不'不就行了吗？难道你的意志还不如你的拳头强大吗？"

"我可以对许多人说'不'，但有时说'是'会更容易一些。一个人能拒绝与他感情深厚的姐姐分享这些金子吗？"

"当然，你的亲姐姐是不会想剥夺你享受这份奖赏的权利的。"

"但她是为了她的丈夫阿拉曼，她希望她丈夫能成为一个富有的商人。她确实觉得他缺乏机遇，她恳求我把这些黄金借给他，让他成为一个富有的商人，到那时，他就可以用赚取的利润把黄金还给我了。"

"我的朋友，"马顿又说，"你提出了一个值得探讨的话题。黄金会赋予其所有者以责任，也会改变他与其他人的关系。黄金会给他带来恐惧——他害怕会把它弄丢了，或者被人骗走。它还会让人觉得有力量并获得行善的能力。同样，因为黄金，一个人本是出于良好意图的行为却也可能会令他陷入困境。

"你听说过尼尼微的一个农民能听懂动物的语言吗？我想你没听过，因为这不是人们在青铜铸造作坊里喜欢讲的那种故事。我想告诉你，因为你应该知道，借钱和出借不仅仅是把金子从一个人的手中转移到另一个人的手中。

"这个农民能够理解动物们互相之间所说的话。他每天晚上都会在农场的院子里徘徊，就是为了听动物们讲话。有一天晚上，他确实听到了牛向驴子哀叹自己的命运多舛：'我从早到晚都在劳作拉犁——不管白天多么热，无论我的腿多么累，就算轭擦伤了我的脖子，我还得工作。然而，你却很清闲。你只需要披着一条五颜六色的毯子并驮着我们的主人去他想去的地方就行了，除此之外，你什么也不用做。他要是不需要去什么地方的话，你就整天休息、吃青草。'

"驴子尽管爱踢人，却是一只善良的动物，此刻它很同情牛。

"'我的好朋友，'它说，'你工作很努力，我希望能帮你减轻一些痛苦。因此，我要告诉你怎样才能休息一天。明天早上，当奴隶来牵你去拉犁时，你就躺在地上大声吼叫，好让他去说你病了，不能工作了。'

"于是，牛接受了驴的建议，第二天早上，它照做了，奴隶果然到农夫那儿告诉他牛病了，不能拉犁了。

"'那么，'农夫说，'那就把驴拴在犁上吧，因为地

必须犁呀。'

"于是，这只想帮助朋友的驴发现自己要被迫去做牛的工作，要干一整天。夜幕降临时，它被从犁上释放出来，那时它心很苦，腿很累，脖子上被轭擦伤的地方很疼。

"农夫在谷仓院子里徘徊，接着倾听。

"牛先开口说：'你真是我的好朋友。因为你的明智建议，我得以休息了一天。'

"'而我，'驴反驳道，'就像其他许多头脑简单的动物一样，开始是为了帮助朋友，最后却发现自己竟替朋友做了本该由它去完成的任务。从今以后，你自己拉犁吧。因为我确实听到主人告诉奴隶说，要是你再病了话，就叫屠夫来。我希望他会那样做，因为你太懒惰了。'

"此后，它们再也不和彼此说话了——这件事终结了它们的友谊。罗丹，你能告诉我这个故事的寓意吗？"

"这真是个好故事，"罗丹回答，"但我不知道其中的寓意。"

"我就猜你不知道，但其中的道理很简单：如果你想帮助你的朋友，那么就以一种不会把你朋友的负担变成你自己的负担的方式去帮他。"

"我没有想到这一点。善良的确也要有底线。我不想去承担我姐夫的负担。但是，请告诉我，您把金子借给了很多人，要是那些借款人不还怎么办？"

马顿笑了，一看就是经验丰富。"如果借钱的人无法还钱，出借者是否能获得良好的回报？在把黄金借出去之前，出借者应该仔细判断那些来借钱的人是否会把被借走的黄金用于实用的目的，从而能判断出这些人在未来是否会有能力把黄金归还给他。难道不是吗？要是一个人不能明智地使用黄金，他将失去财富，而这样的人在未来将无法偿还债务。那么，把黄金借给这样的人无疑就是在浪费黄金。我将给你看看我的凭证箱里的那些凭证，它们会告诉你一些故事。"

他带着一个和他手臂一样长的箱子走进房间，箱子上覆盖着一块红色的猪皮，上面还装点着青铜饰物。他把它放在地板上，蹲在它前面，并把双手放了盖子上。

"我每把黄金借给一个人，我就会做一张凭证放在我的凭证箱里。在黄金被归还之前，凭证会一直留在凭证箱里。当借走黄金的人把黄金还回来时，我就会把凭证取出来交给他，但如果他永远都不还，那么那张凭证就会让我想起一个辜负了我的信任的人。

"我的凭证箱告诉我，把钱借给那些借钱数目远少于其名下财产的人是最安全的。他们拥有土地、珠宝、骆驼或其他财产，这些财产被卖掉后就可以用于偿还贷款了。有些凭证直接是用比贷款本身更值钱的珠宝等抵押物来充当的。其他的则是一些承诺书，借钱的人承诺贷款要是没有按照约定偿还，他们将把他们的一些财产交付于我作为赔偿。对于像这样的贷款，我确信我的黄金将与其利息一起被偿还，因为这些贷款是以财产为基础的。

"我的另一类贷款人是那些有挣钱能力的人。他们是像你这样的人，他们劳动或提供服务并以此来获得报酬。他们有收入，如果他们诚实且未遭受不幸，我知道他们也可以偿还我借给他们的黄金和我应得的利息。这些贷款是基于人的努力。

"其他人则是那些既没有财产也没有可靠收入的人。生活很艰难，总会有一些人无法适应苦日子。唉，我要是向他们发放贷款，即使不超过一枚铜币，除非来借钱的人的好朋友向我保证这个人是可信任的，否则他借钱留下的凭证就会一直待在我的凭证箱里。"

马顿解开箱子的扣子，打开了盖子。罗丹急切地凑上前去。

箱子的中上部有一个放置在一块猩红色的布上的青铜颈片。马顿把它拿起来，深情地拍了拍。"这个将永远留在我的凭证箱里，因为它的主人已经过世了。我很珍视它，作为黄金出借的凭证，我很珍视它留给我的记忆，因为它是属于我的好朋友的。我们曾一起做生意并取得了巨大的成功，直到他从东方带回来一个充满异域风情的美丽女人并与她结婚。她真是个尤物。为满足她的物欲，我的朋友开始挥金如土。

"他的金子被挥霍一空时，他痛苦地来找我。我安慰了一下他，我告诉他我会帮助他东山再起。他指着那头公牛的标志发誓说他一定会的。但事实并非如此。在一次争吵中，他问那个女人敢不敢用刀刺他，结果那个女人真的把刀插进了他的心脏。"

"那她呢？"罗丹问道。

"看，这个就是她的。"他捡起那块红布，"她带着令人痛苦的悔恨跳进了幼发拉底河。这两笔贷款永远都不会得到偿还了。这个箱子告诉你，罗丹，对黄金出借者来说，把钱借给那些心里怀有巨大痛苦的人是一件风险极高的事。"

"嘿！这个很与众不同。"罗丹伸出手去拿了一枚用牛骨刻成的戒指。

"这是一个农民的。我买了他的女人们的地毯。蝗虫来了，他们没了食物。我帮助了他，新的作物丰收之后，他报答了我。后来他又来了，并给我讲了一个旅行者所描述的故事，这个故事是关于生活在遥远的土地上的一种奇怪的山羊的。这些羊的长毛非常细软，用这些羊毛编织成的地毯比在巴比伦能看到的任何地毯都要漂亮。农民想去买入这样一群山羊，但他没有钱。于是，我借给了他金子，让他去出趟远门并把山羊带回来。现在他已经带着牧群回来了，明年我将用最上乘的地毯给巴比伦的领主们一个惊喜，能买到这样的地毯真是他们运气好。很快我就必须归还他的戒指了。他坚持要立即偿还金子。"

"借钱的人会这样做吗？"罗丹问道。

"如果他们借钱是为了去赚更多的钱，那么此类人就是这样的。然而，如果他们是因其轻率的行为而来借钱，要是你还想黄金回到你手里的话，那可就要小心了。"

罗丹拿起一只镶有珠宝的沉甸甸的有着稀有设计的

金手镯，问道："能给我讲讲关于这个的故事吗？"

"这些女人的东西确实把我的好朋友给迷住了。"马顿开玩笑说。

"我比您要年轻得多呢。"罗丹反驳道。

"我承认这一点，但是这个可和浪漫的爱情没什么关系。它的主人很胖，还满脸皱纹，她喜欢长篇大论，却讲不出什么实质内容，简直能让我发疯。他们一家曾经有很多钱，是我的优质顾客，但不幸的是，他们遭遇了变故。她有一个儿子，她想让他成为一个商人。因此，她来找我并向我借金子。她想用这些金子使她的儿子成为一个商队所有者的合伙人。这个商队的所有者会骑着骆驼去一个城市进货并到另一个城市将这些货换成别的东西。

"这个人被证明是个流氓，因为他把这个可怜的孩子留在了一个遥远的城市，趁他熟睡时自己溜走了。在那里，这孩子没有钱，也没有朋友。也许当那个年轻人长大成人后，他会还钱的；在那之前，我没有收到任何贷款的利息，却听他的母亲说了很多话，但我承认她抵押的这些珠宝是值得贷给她的那些金子的。"

"这位女士问过您其贷款的用途是否明智吗？"

"她完全没有问过我的建议。她已经把自己的儿子想象成了一个富有而有权势的巴比伦人。我提出的异议把她激怒了，并且我也因此受到了一番谴责。我知道这个没有经验的男孩会有危险，但当她出示了她的抵押物时，我无法拒绝她。"

马顿挥舞起一根扎成蝴蝶结的绳子，并说道："这个是属于贩卖骆驼的商人内巴图尔的。当他想要买下一个远超出其给付能力的骆驼群的时候，他来找我并给了我这个蝴蝶结，我根据他的需要把钱借给了他。他是一个睿智的商人，我相信他的良好判断力，从而无顾虑地把钱借给了他。我对巴比伦的许多其他商人都保有信心，因为他们的行为都是守信的。他们的凭证在我的凭证箱中频繁出入。优秀的商人是我们这座城市的财富，帮助他们把生意持续做下去会使我获利，也会维持巴比伦的繁荣。"

马顿拣出一只绿松石雕刻的甲虫，轻蔑地将它扔在地上。"这是一只来自埃及的虫子。这只虫子的主人不在乎我是否能拿回我的金子。当我责备他时，他回答说：'我遭遇了不测，我又如何能把金子还给你呢？你不是还有很多金子吗？'我能做什么呢？凭证是他父亲的——

他的父亲确实有些小钱，他把他的土地和羊群都投进去以支持他儿子创业。年轻人一开始很成功，并且他急切地想要获得巨大的财富。他的不谙世事导致他的企业倒闭了。

"年轻人总是雄心勃勃，总想通过走捷径去获得财富和它所代表的美好事物。为了迅速获得财富，年轻人往往会去借钱，而这样做是不明智的。缺乏经验的年轻人不会意识到，无望的债务就像一个深渊，一个人可能很快就会坠入其中，并在那里徒劳地挣扎许多天。这是一个满是悲伤和悔恨的深渊，白天不见天日，夜晚则会令人因沮丧而无法入眠。

"然而，我并不反对借入黄金。我鼓励这种行为。如果借钱是出于明智的目的，我建议人们去这样做。我现在虽然是一名黄金放贷人，但我曾是一个商人，而我正是通过借来的黄金而为自己赚取了第一桶黄金。

"然而，现在年轻人已陷入绝望，他一事无成，从而感到气馁，不再努力去偿还黄金。在这种情况下，出借黄金的人该怎么办呢？我的内心是非常抗拒去剥夺其父亲的土地和牲畜的。"

"您给我讲了很多让我很感兴趣的事情，"罗丹大胆地说，"但是，我的问题没有得到回答。我应该把我的五十块金子借给我姐姐的丈夫吗？这些金子对我来说意义重大。"

"你姐姐是一个我非常敬重的正直的女人。如果她丈夫来找我借五十块金子，我会问他要用这些金子去做什么。如果他回答说他想成为一个像我这样的商人，要去经营珠宝和高档家具。我则会说：'你知道该如何经商吗？你知道在哪里可以以最低的成本进货吗？你知道在哪里可以以合理的价格卖货吗？'他能对这些问题说'知道'吗？"

"不，他不能，"罗丹承认，"虽然他在制造长矛方面帮了我很多忙，在商店里也帮了一些忙。"

"那么，我要对他说，他的目标是不明智的。商人必须学习生意经。他的野心虽然是有价值的，但并不实际，我是一块金子都不会借给他的。但是，假如他能说：'是的，我给很多商人帮过忙。我知道该如何一路跋涉到士麦那，如何以低廉的价格购买那里由家庭主妇们所编织的地毯。我还认识许多巴比伦的富人，我可以把这些地毯卖给他们，从而能赚大钱。'

"那样的话我会说：'你的目标是明智的，你的雄心

115

壮志是可敬的。如果你能保证会如约归还这五十块金子，我很乐意将这些金子借给你。'但他会说：'我是一个讲诚信的人，我以我的人格担保我会把你借给我的金子还给你的，但是除此之外，我没有什么别的担保物。'然后，我会说：'我非常珍惜我的每一块金子。如果强盗在你去士麦那的途中抢走了这些金子，或他们在你返程时抢走了你的地毯，那么你就没有办法把金子偿还给我了，我的这些金子也就打水漂了。'

"你看，罗丹，黄金是放贷人的商品。往外放贷虽然很容易，但一旦决策不明智，钱就很难收回来了。明智的放贷人想要的不是口头的还款承诺，他可不想冒险，他想要的是能够确保金子被安全收回来的实质保障。"

"这很好，"马顿继续说道，"去帮助那些处于困境中的人及那些受到命运重击的人是件好事，去帮助那些想要开始进步并成为有价值的公民的人也是好的。但是，你必须以明智的方式去给予他们帮助，以免把自己弄得像那头农夫的驴一样，初衷是想帮别人，结果却让我们自己承担了本是属于别人的负担。

"罗丹，我又一次偏离了你的问题，但现在请听我的回答：留着你那五十块金子。这些金子是你的劳动所得，是属于你自己的奖赏，除非你愿意，否则没有人能强迫你去履行放弃这些金子的义务。如果你想把它们借出去，以图它们能为你赚到更多的金子，那么你就要谨慎地把它们分散地借出去。我虽不喜欢让黄金闲置，但却更不喜欢去冒太大的风险。

"你当制矛匠多少年了？"

"满三年了。"

"除了国王的礼物，你还存了多少金子？"

"三块金子。"

"你每年都在努力工作，为了能从你的收入中省下一块金子，你从不给自己买什么好东西？"

"正如您所说的。"

"那么，凭你的自我节制，你能否通过五十年的劳动而为自己省下五十块金子？要攒下五十块金子，你要付出一生的劳动。

"你认为你姐姐会为了让她的丈夫能成为一个商人而愿意让你牺牲你围着熔炉干了一辈子才攒下的积蓄？"

"如果我把您对我说的话告诉她，她当然不会了。"

"那就去找她，对她说：'三年来，除了斋戒日，我每天都在努力工作，从早到晚，很多我内心渴望买的东

117

西，我都没舍得买。经过一年的努力和克制，我才能攒下一块金子。你是我最亲近的姐姐，我希望你的丈夫能去做一些会让他发财的生意。如果他能向我提交一个计划，并且这个计划要是能让我的朋友马顿觉得它是明智而可行的，那么我将乐意把我一整年的积蓄借给他，好让他有机会证明自己是有能力成功的。'你就像我这样说，如果他有成功的潜能，他就会向你证明这一点。就算他失败了，他欠你的钱也不会超出他的偿还能力范围，总有一天，他会把那块金子还给你的。

"我是一个黄金放贷者，因为我拥有的黄金的数量超出了我在生意中需要用到的数量。我希望那些盈余黄金能为他人服务，从而帮我赚取更多的黄金。我不想去冒失去黄金的风险，因为我曾为攒下它们付出了很多劳动，并且克制了自己的欲望。因此，如果一个人不能让我相信我的黄金借给他是安全并且能被如数归还的，那么我一块黄金都不会借他。如果我不相信他会把赚得的收入立即偿还给我，我也不会把金子借给他。

"罗丹，我已经把我的凭证箱中的一些秘密告诉你了。从这些秘密中，你能体会到人性的弱点，一些人渴望借钱，然而他们可能并没有偿还能力。从这些秘密中，你可以看出，一些人对自己能赚大钱的高期望往往是虚无的，就算有了黄金，他们实际上并没有可以实现那些宏图大志的能力或技能。

"罗丹，你现在有黄金了，你应该用它们去为你赚取更多的黄金。你即将成为一个像我一样的黄金放贷人。如果你能安全地守住你的金子，这些金子将为你带来丰厚的收入，从而你将富足而快乐地度过一生。然而，如果你让这些金子从你的手中溜走了，它们给你留下的美好记忆会成为你永久的悲伤源泉，你将遗憾地度此余生。

"对于你钱包里的金子，你最希望什么？"

"我最希望它们是安全的。"

"说得好！"马顿表示赞许，"你的第一愿望是安全。你认为把你的黄金放在你姐夫手里安全吗？你有没有可能会失去它们呢？"

"我觉得恐怕是不安全的，因为他不善于明智地使用黄金。"

"那么，请不要被你认为你应该承担的那愚蠢的义务所左右，别把你的财富托付给他。如果你想帮助你的家人或朋友，除了去冒散尽家财的风险之外，你还可以去找其他的方法。不要忘了，黄金会以意想不到的方式从那些不善理财的人手里溜走。同样，肆意挥霍你自己的财富与把钱借给别人去打水漂实则无异。

"在确保你的财富的安全后，你的下一个愿望是什么？"

"我希望我的财富能帮我赚更多的金子。"

"再一次，你的话充满了智慧。财富应该被用来赚取收益，从而它会随之而增长。一个人甚至可以通过明智地出借黄金所赚取的收益而使财富在自己老去之前翻倍。如果你去冒失掉本金的风险，那么你同时也冒了失去它所能赚得的一切收益的风险。

"因此，不要被不切实际的人的奇妙计划所迷惑，这些人会让你误以为他们知道能使你的黄金为你带来异常高的收益的方法。这些计划是一些梦想家编造的，他们实际上不懂得什么样的生意才是安全而可靠的。对收益的预期要保守，这样才能保证你能守住你的财富，并能从财富中获得快乐。过高的收益承诺背后可能隐藏着血本无归的风险。

"你要把钱借给那些成功的人和他们的企业，那些成功的人能通过自己的智慧和经验妥善而安全地对你的黄金进行有效的管理和投资，从而使其为你带来丰厚的回报。

"因此，众神会把黄金托付给他们认为合适的人，然而这些人中有很多都遭遇了不幸，希望你能幸免。"

当罗丹对马顿给他的明智建议表示感谢时，马顿打断了他，说道："国王的礼物将教会你许多智慧。如果你想保留你的五十块金子，你必须谨慎。黄金的许多用途都会诱惑你，人们将向你提出许多关于如何使用黄金的建议，你会遇到无数承诺会让你赚取巨额利润的机会。我的凭证箱里的故事会提醒你，在你让任何一块金子离开你的口袋之前，你都要先确保你能把它安全地拉回来。如果你对我将要给你提出的进一步建议感兴趣，欢迎再来，我很乐意给出这些建议。

"我在我的凭证箱的盖子上刻了一句话，我觉得你该读读它，它既适用于借款者，也适用于贷款者：要小心谨慎，以免后悔！"

第八章

为自己筑好城墙

老班扎是一个卫兵，他表情严肃地站在通往巴比伦古城楼的通道上守卫了一天。在沿通道往上的地方，英勇的卫兵们正在为守卫城墙而战。这座拥有数十万臣民的伟大城市在未来的生死存亡全倚仗于他们。

城墙那边传来了进攻军队的呼喝声、许多人的叫喊声、数千匹马的踩踏声，撞击青铜大门的声音震耳欲聋。大门后面的街道上散落着一些矛兵，他们在入口处待命，以防城门失守，尽管他们寥寥数人很难胜任这项任务。巴比伦的主力军跟随他们的国王去遥远的东方远征了，他们是去攻打埃兰人 [①]。由于国王没有预料到在他们远征

[①] 埃兰（Elam）：古代的埃兰王国位于如今的伊朗南部省区。

期间巴比伦会受到攻击，所以他只留下很少的士兵守城。出人意料的是，强大的亚述军队却从北方打过来，兵临城下。现在，城门一旦失守，巴比伦就要灭亡了。

班扎的周围是一大群面色苍白、惊恐万分的市民，他们急切地打探着前线的消息。他们怀着沉重的心情看着一大群伤员和死者被沿着通道抬进或抬出。这里是要塞。敌人在包围巴比伦城三天后，突然开始全力攻击这一段城墙和大门。

城楼上的卫士们把石油洒向敌人的云梯并射出带火的箭，要是有人爬上来，他们就用长矛刺他。数千个敌人的弓箭手向卫士们射出致命的乱箭。

老班扎占据着打探前线消息的有利位置。他是最接近前线的人，也是每次都第一个听到疯狂的袭击者被击退的消息的人。一位年老的商人挤到他身边，他那双麻木的手不禁颤抖着。"快告诉我！快告诉我！"他恳求道，"他们不能进来。我的儿子们和仁慈的国王在一起，没人能保护我年迈的妻子。我的货物，他们会全抢走的；我的食物，他们什么也不会给我留下。我们老了，太老了，不能保护自己——太老了，不能做奴隶。我们会饿死的。我们会死的。请告诉我他们进不来。"

"冷静点儿，您是位好商人，"老班扎回答，"巴比伦的城墙很坚固。回到集市里去告诉你的妻子，我们的城墙会保护你们和你们所有财产的安全，就像保护国王的财宝的安全一样。请靠近城墙走，以免飞进来的箭击中您！"

一位怀抱婴儿的女子挤到老人的位置。"中士，城楼那儿有什么消息吗？请把实情告诉我，我好让我那可怜的丈夫放心。他受了严重的伤并发着烧，现在只能躺着，但他却坚持要用他的盔甲和长矛来保护我和孩子。他说，如果敌人闯进来，他们的复仇欲望就会爆发，这太可怕了。"

"你是一位心地善良的母亲，无论现在还是将来，巴比伦的城墙都会保护好你和你的孩子们的。我们的城墙高而坚固。我们英勇的卫士们正在把一锅又一锅燃烧着的石油泼在敌人的云梯上，你难道听不到敌人的喊声吗？"

"是的，我听到了，但我还听到了撞击大门的隆隆声。"

"回到你丈夫身边吧，去告诉他城门是坚固的，能抵挡住任何撞击。还有，对于那些沿着云梯爬上城墙的敌人，等待他们的只有长矛的猛刺。路上小心，赶快回去吧。"

班扎退到一边，把通道让给那些全副武装的增援部队，伴随着青铜盾牌的叮当作响以及沉重的脚步声，士兵们走了过去。这时，一个小女孩儿拉了一下他的腰带。

"请告诉我，士兵，我们安全吗？"她恳求道，"我听到了可怕的噪声。我看到一些人在流血。我好害怕。我们的家会怎么样呀？我的母亲、我的弟弟，还有小婴儿会怎么样呀？"

这位冷峻的老游说家眨了眨眼，低下头看着孩子。"别害怕，小家伙，"他安慰她，"巴比伦的城墙将保护你、你的母亲、你的弟弟和小婴儿。正是为了像你们这样的人的安全，善良的塞米拉米斯女王在一百多年前才建造了这些城墙。它们从未被击塌过。回去告诉你的母亲、弟弟和小婴儿，巴比伦的城墙将保护他们，他们不需要害怕。"

日复一日，老班扎站在他的岗位上，看着增援部队排成一列进入通道，去前线参加战斗，再看着受伤或死亡的士兵被抬回来。在他的周围挤满了惊慌失措的市民，他们急切地想知道城墙能不能撑住。他总是以老兵的威严回答所有人说:"巴比伦的城墙会保护你们的。"

攻击持续了三周零五天,敌人暴力攻城的行动几乎没有停止过。班扎的表情变得更加坚毅而严肃,他身后的通道上洒满了伤者的鲜血,来来往往的人流从上面踩过去,形成了满地泥浆。城墙前每天都堆积着如山的敌人尸体,他们会在每天晚上被巴比伦的士兵们抬回去埋葬。直到第四周的第五个晚上,喧闹声都未见减弱。当第六天清晨的第一缕阳光照亮平原之时,敌军终于撤退了,扬起了大片沙尘。

卫士们欢呼起来。毫无疑问,他们胜利了。墙后等待的部队听到后也高喊起来。街上的市民们也应声欢呼起来。胜利的欢呼声如猛烈的暴风雨一般席卷了整座城市。

人们从房子里冲了出来,激动的民众把街道堵得水泄不通。人们欢乐地合唱起来,通过狂欢发泄着几周以来被压抑的恐惧。贝尔神庙的高塔顶端燃起了胜利的火焰。青色的烟柱升上天空,把胜利的消息传向四方。

巴比伦的城墙再次逼退了一群强大而顽固的敌人——他们决心要掠夺巴比伦的财宝,掠夺和奴役巴比伦的臣民。巴比伦延续了一个又一个世纪,因为它得到了充分的保护，否则它将无法延续如此之久。

巴比伦的城墙充分展现了人类对于得到保护的需求和渴望，这是人类与生俱来的，它在如今和以往一样强烈，只不过我们如今有了适用范围更广、更好的计划来实现自我保护这一和当初同样的目标。

如今，我们可以用保险、储蓄账户和可靠的投资为自己筑起一堵坚不可摧的城墙，以防范意外悲剧的发生。

缺乏足够的保护可能会带给我们无法承受的后果。

第九章

用决心走向成功

有人说，一个人越饥饿，他的头脑就越清醒，他对
食物的气味也就越敏感。

阿泽之子塔卡德当然也是这么认为的。整整两天，
他除了从花园围墙上偷来的两个小无花果外，什么也没
吃过。他刚摘完这两个无花果，一个愤怒的女人就向他
冲过来并在街上追了他好一阵，这导致他没来得及再多
摘一个。当他穿过市场时，她的尖叫声还在他的耳边回
响。这尖叫声竟管住了他那焦躁不安的手指，不然这些
手指又要从市场里那些女人的篮子里偷诱人的水果了。

他从来没有意识到有如此多的食物被带到巴比伦
的市场里，它们闻起来是如此之香。离开市场后，他经
过一家旅店，随后便开始在旅店的餐厅前来回踱步。也

许，他会在这里遇到他认识的人，可能会借给他一枚铜币，好让他从那位不友好的旅店店主那里得到一个微笑。有了这枚铜币，他就会得到慷慨的帮助。没有这枚铜币，他非常清楚自己会是多么不受欢迎。

他正盘算着，结果却意外地发现自己正面对着一个他最想避开的男人——达巴希尔。达巴希尔是一个高大而瘦骨嶙峋的骆驼商人。塔卡德经常管人借些小钱，却总是不履行按时归还的承诺。在所有他借过钱的熟人和生人中，达巴希尔让他感到最不舒服。

达巴希尔一看到他脸上就露出了喜悦的神情。"哈！是塔卡德呀，我一直在寻找你，希望你能偿还我一个月前借给你的那两枚铜币，还有我之前借给你的那枚银币。我们可算碰面了。我今天正要用这些钱。孩子，你说怎样？"

塔卡德结巴起来，脸也红了。他饥肠辘辘，实在没有勇气去和直言的达巴希尔争辩。"对不起，非常抱歉，"他虚弱地咕哝着，"但今天我既没有可以偿还的铜币，也没有可以偿还的银币。"

"那就去取吧，"达巴希尔态度坚决地说道，"你一定能弄到几个铜币和一块银币来报答你父亲的一位老朋友的慷慨的，他曾在你需要帮助的时候帮了你。"

"由于厄运总是会追上我，我还不起。"

"厄运！不要因为你自己的软弱而去责怪众神。厄运会追上每一个想借钱而不想还钱的人。跟我来，孩子。我饿了，我会一边吃饭一边给你讲个故事。"

面对达巴希尔残忍的直言，塔卡德感到畏缩，但至少他得到了能让他进入那令人垂涎的餐厅大门的邀请。达巴希尔把他推到餐厅的一个角落里，随后他们坐在了小地毯上。

当店主考斯科面带微笑出现时，达巴希尔像往常一样随意地对他说："沙漠中的胖蜥蜴，给我一条山羊腿，上面要浇满酱汁，还有面包和所有蔬菜，因为我饿了，需要很多食物。别把我在这里的朋友给忘了，给他拿一壶水来。把水冷却一下，因为天热。"

塔卡德的心沉了下去。难道他一定要坐在这里一边喝水一边看着那个人吃掉整条山羊腿吗？他什么也没说。他想不出他能说什么。

然而，达巴希尔可不知道什么叫作沉默。他微笑着向所有认识他的顾客和蔼地挥手，接着讲起话来。

"我确实从一个刚从乌尔法回来的旅行者那里听说，

130

一个富人有一块切割得很薄的石头，人们可以透过它看见东西。他把它装在他家的窗户上来防雨。

"它是黄色的。这个旅行者确实说过，他被允许去透过它看外面，结果外面所有的东西看起来都很奇怪，不像其本来的样子。你怎么看，塔卡德？想象一下，一个人所看到的全世界都和其原本的颜色不一样。"

"我想象不出。"年轻人回答说，他对摆在达巴希尔面前的那条肥羊腿更感兴趣。

"嗯，我知道这是真的，因为我自己就曾看到过与真实世界有着完全不同颜色的世界，我将要讲讲我是如何再次看到世界本来的颜色的。"

"达巴希尔要讲故事了。"一位邻座的用餐者低声说，他把他的地毯向达巴希尔挪近了一些。其他用餐者则端着食物，围着达巴希尔坐成了一个半圆形。塔卡德的耳中充斥着这些用餐者咀嚼食物发出的嘎吱嘎吱的声音，他们手里满是肉的骨头让他馋极了。只有他一个人没有食物。达巴希尔没有主动提出要与他分享食物，甚至连一小块儿切好的硬面包都没给他，那个硬面包后来从盘子上掉到了地上。

"我要讲的故事，"达巴希尔停下来咬了一大口山羊腿，然后接着说道，"是关于我早年的生活以及我是如何成为一个骆驼商人的。有人知道我曾经是叙利亚的奴隶吗？"

听众们感到很惊讶，发出一阵窃窃私语，达巴希尔满意地听着。

"当我还是个年轻人的时候，"达巴西尔又一次猛地咬了一大口山羊腿，之后继续说道，"我学会了我父亲的手艺——做马鞍。我和他一起在他的店里工作，并为自己娶了一个妻子。

"我年纪轻轻，技术水平不高，挣的钱也不多，只够让我优秀的妻子过朴素的生活。我渴望拥有那些我买不起的好东西。很快我发现店主相信我即使当时付不起钱，以后也是会付得起的。

"我那时还年轻，没有经验，我不知道花钱比挣钱多的人正在播下不必要的自我放纵之风的种子，他肯定会从中收获麻烦和羞辱之风的。因此，我放任自己的奇思妙想，买漂亮的衣服，为我的爱妻和我们的家买奢侈品，这些都远超出了我们的能力范围。我尽我所能地付了钱，有一段时间一切都很顺利，但后来我发现我的收入既不够用来生活，也不够用来还债。

"债主开始向我讨债，让我为我买的那些奢侈品付账，我的生活变得很悲惨。我向朋友们借钱，但也无法偿还他们。情况越来越糟。我的妻子回到了她父亲的身边。我决定离开巴比伦，去寻找另一个能为年轻人提供更好的机会的城市。

"之后两年，我一直在为商队的商人们工作，生活漂泊不定，一事无成。后来，我结识了一群讨人喜欢的强盗并加入其中，我们在沙漠中寻找那些手无寸铁的商队。强盗行为是令人不齿的，我知道我不配做我父亲的儿子，但那时我在透过一块有色的石头去看世界，没有意识到我堕落到了什么地步。

"我们在第一次行动时就取得了成功，劫获了大量黄金、丝绸和贵重商品。我们把这些战利品带到基尼尔，并将其挥霍殆尽。

"第二次我们就没那么幸运了。在我们下手后，我们遭到了一位当地酋长的矛兵的袭击，商队向他支付了保护费。我们的两位首领被杀了，我们其余的人被带到大马士革，在那里我们被剥光衣服作为奴隶出售。

"我被一位叙利亚沙漠的酋长用两枚银币买去了。我的头发被剃了，腰上只裹了一块布，看起来与其他奴隶没什么不同。作为一个鲁莽的年轻人,我认为这只是一次冒险经历。但是,当我的主人把我带到他的四个妻子面前并告诉她们可以让我当太监时,我真的傻眼了。

"那时候,我确实意识到了自己处境的绝望。这些沙漠中的人凶猛好战,而我手无寸铁,也没办法逃跑,只能服从他们的意愿。

"当那四个女人看着我的时候,我害怕地站着。我不知道我是否能从她们那里得到怜悯。他的第一个妻子西拉比其他人都大。她面无表情地看着我。我转过身去,没从她那儿获得丝毫安慰。他的第二个妻子是一个面带鄙夷的美人,她冷漠地看着我,就好像我只是地上的一只虫子一样。他另外两个年轻的妻子窃笑着,就仿佛这一切只是一个令人兴奋的笑话。

"我站在那里等待判决,度日如年。每个女人似乎都想让其他人来做决定。最后,西拉用冷淡的声音说:'我们有很多太监,但我们却很缺能牵骆驼的侍者,要那么多太监一点儿用都没有。就在今天,我本想去看望我那发高烧的母亲,却找不到一个我能信任的奴隶来牵我的骆驼。问问这个奴隶,他能不能牵骆驼。'

"我的主人于是问我:'你知道怎么牵骆驼吗?'

"我竭力掩饰着我的迫不及待,回答说:'我可以让它们跪下,我可以给它们装货,我可以带它们去做长途旅行而不感到劳累。如果需要的话,我还可以修理它们的饰物。'

"'这个奴隶说得够直截了当的了,'我的主人说,'如果你愿意,西拉,就让这个人给你当牵骆驼的侍者吧。'

"于是,我被交给了西拉,那天我牵着她的骆驼带她去了她生病的母亲那里。借此机会,我向她表示了感谢,感谢她为我说情。我告诉她,我并非生来就是奴隶,而是一个自由人的儿子,我的父亲是一位可敬的巴比伦的马鞍工匠。我还给她讲了很多关于我的故事。她的评论让我感到很尴尬,后来我仔细思考了她所说的话。

"'当你的弱点把你带到这一步时,你怎么能称自己为自由人呢?如果一个人有着奴隶的灵魂,那么无论出身如何,他迟早都会成为一个奴隶的,就像水一直在往低处流一样。如果一个人的内心住着自由人的灵魂,尽管他遭遇了不幸,他最终也会在自己的城市里成为一个受人尊重和爱戴的人的。'

"我当了一年多的奴隶，和其他奴隶们住在一起，但我绝不能成为他们中的一员。

"有一天，西拉问我：'当其他奴隶聚在一起享受彼此之间的社交时，你为什么要独自坐在帐篷里？'

"我回答说：'我在思考你对我说的话。我不知道我是否有奴隶的灵魂。我不能融入他们，所以我必须和他们分开坐。'

"'我也必须一个人坐着，'她向我吐露说，'我有丰厚的嫁妆，因此你的主人才娶了我。然而，他并不爱我。每个女人都渴望的是被爱。因为我没有生育，没有儿子也没有女儿，所以我必须独自一人。如果我是男人，我宁愿死也不愿做奴隶，但我们部落的习俗却把女人变成了奴隶。'

"'你现在觉得我是怎样的人？'我突然问她，'我有着自由人的灵魂还是奴隶的灵魂？'

"'你愿意如数偿还你在巴比伦欠下的债务吗？'她回避了我的问题。

"'是的，我有这个愿望，但我看不出有什么办法能让我实现这个愿望。'

"'如果你心安理得地任凭岁月流逝而不努力去偿还

债务的话，那么你就只有令人可鄙的奴隶的灵魂。不尊重自己的人，别人也不会尊重他，而不偿还公平的债务的行为就是不尊重自己的行为。'

"'但我能做什么呢？我现在只是一个叙利亚的奴隶。'

"'你就在叙利亚做你的奴隶吧，你这个弱者。'

"'我不是弱者！'我激烈地否认道。

"'那就去证明吧。'

"'我要怎么做呢？'

"'你们伟大的国王不是会用尽一切方法和一切力量与他的敌人作战吗？你的债务就是你的敌人，它们把你赶出了巴比伦。在你不在的时间里，他们变得更强大了。如果你像男人一样与他们战斗，你就能征服他们，并能成为一个受到人们尊敬的人。但是你没有想要去与他们战斗的灵魂，你的自尊心已经消亡，那么你就是一个名副其实的叙利亚奴隶了。'

"我仔细考虑了她无情的指责，我尝试组织一番长篇大论去为自己辩护，以证明自己不是一个真正的奴隶，但我却没有得到机会去发表这番言论。

"三天后，西拉的女仆带我去见她的女主人了。

"'我妈妈又病得很厉害，'她说，'给我丈夫的骆驼群里最好的两只骆驼套上鞍。我们要长途跋涉，系上水囊和鞍袋。女仆会在厨房帐篷里给你些食物。'

　　"我给骆驼套上鞍，惊异于女仆怎么给拿了如此之多的食物，因为西拉的母亲的住所距这里只有不到一天的路程。我牵着女主人的骆驼走在前面，女仆骑着骆驼跟在后面。当我们到达她母亲家时，天已经黑了。西拉把女仆打发走，对我说：'达巴希尔，你有着自由人的灵魂还是奴隶的灵魂？'

　　"'一个自由人的灵魂。'我坚持说。

　　"'现在是你证明这一点的机会了。你的主人已经喝醉了，他的首领们也都昏睡过去了，你带上这些骆驼逃走吧。这个袋子里有你主人的衣服，你可以用来伪装自己。我会说，在我看望我生病的母亲时，你偷了骆驼逃跑了。'

　　"'您有着女王的灵魂，'我告诉她，'我多么希望我也能带您去寻找幸福。'

　　"'幸福，'她回答说，'等待的可不是试图去那遥远的国度和陌生的人群中寻找幸福的离家出走的妻子。去走你自己的路吧，愿沙漠的神灵保护你，路途遥远，路

上又没有食物和水。'

"我知道事不宜迟，但我还是热情地向她道了谢，然后就走入了暗夜之中。我不了解这个陌生的国家，对巴比伦的方位也只有一个模糊的概念，但我勇敢地穿越沙漠，朝着那些山丘挺进。我骑着一头骆驼，牵着另一头。我整个晚上都在赶路，一想到那些偷了主人的财产并试图逃跑的奴隶的可怕命运，我就不敢有丝毫懈怠。

"那天下午晚些时候，我到达了一个像沙漠一样无法居住的道路崎岖不平的国家。那里尖锐的岩石扎伤了我那忠实的骆驼的脚，很快它们就开始走得缓慢而痛苦。

"我既没有遇到人，也没有遇到野兽，我完全理解人和野兽为什么会避开这片荒凉之地。

"从那时起，我开启了一段鲜有人能经历的旅程。我们日复一日地跋涉着。食物和水都没了。太阳散发着无情的高温。在第九天结束的时候，我从骆驼上滑了下来。我感觉我太虚弱了，再也不能上山了，我肯定会死去的，死在这个被遗弃的国度里。我躺在地上睡着了，直到第一缕曙光升起，我才醒来。

"我坐了起来并环顾四周，清晨的空气很凉爽。我的骆驼沮丧地趴在不远处。我周围是一片荒芜之地，到处都是岩石、沙子和荆棘，没有水流的迹象，人和骆驼都没有东西吃。

"难道我要在这宁静的环境中等待死亡吗？我的头脑比以往任何时候都清醒。我的身体状况现在似乎已不重要了。我干燥流血的嘴唇、干瘪的舌头、空空的肚子，都不再能感受到那种前一天所能感受到的极度痛苦。

"我望着那令人不愉快的远方，又一次想到了那个问题：'我是有着奴隶的灵魂还是自由人的灵魂？'然后我清楚地意识到，如果我有着奴隶的灵魂，我应该会放弃，躺在沙漠里等死，这个结局对于一个逃跑的奴隶来说再合适不过了。

"但是如果我有着自由人的灵魂，那会怎么样呢？我一定会想方设法让自己回到巴比伦，去把钱还给那些信任我的人，给真正爱我的妻子带去幸福，给我的父母带去安康与满足。

"'你的债务就是你的仇敌，他们把你赶出了巴比伦。'西拉曾说。是的，的确如此。

"为什么我拒绝像男人一样坚持我的立场呢？为什

么我会允许我妻子回到她父亲身边？

"然后发生了一件奇怪的事情。整个世界似乎都变成了另一种颜色，好像我曾经一直在通过一块彩色石头看它，而彩色石头突然被移走了。最后，我感悟到了什么才是生命的真正价值。

"死在沙漠里的可不是我！我以一种新的视角看到了我必须做的事。首先，我要回到巴比伦，去面对每一个我欠债未还的债主。我要告诉他们，经过多年的流浪和不幸，我已经回来了，我会以神所允许的最快速度还债的。接下来，我要为我的妻子重新建立一个家，并成为一个令我父母感到骄傲的市民。

"我的债务是我的敌人，但我欠债的人却是我的朋友，因为他们信任我、相信我。

"我虚弱地摇摇晃晃地站了起来。饥饿有什么关系？口渴有什么关系？它们只不过是我在去往巴比伦的路上所遇到的插曲。在我的躯体中涌动着自由人的灵魂，这个自由人要回去征服他的敌人并奖励他的朋友。我下了极大的决心，并对此感到激动不已。

"当我的骆驼们听到我那沙哑的声音忽然发生了变化，它们原本呆滞的眼睛也亮了起来。经过不懈努力，经过多次尝试，它们终于站稳了脚跟。我们都凭借强大的意志力接着向北方挺进，我内心深处有一个声音对我说，我们一定会回到巴比伦的。

"后来，我们找到了水。我们进入了一个更富饶的国家，那里有草和水果。我们找到了那条通往巴比伦的小径。自由人的灵魂将生活视为一种去解答一系列亟须解决的问题的过程，而奴隶的灵魂却总是哀叹：'我只是个奴隶，我还能做什么呢？'

"你呢，塔卡德？你空空的肚子使你的头脑变得非常清醒吗？你已经准备好重新回到自尊的道路上了吗？你能看到世界的本色吗？你有没有想过不管这些债务有多少，你都要去偿还那些你欠下的债务，并且再次成为一个在巴比伦受人尊敬的人？"

年轻人的眼睛湿润了。他急切地跪下了。"你向我展示了另一番景象，我感觉到了自由人的灵魂在我内心的涌动。"

"你回来之后过得怎么样？"一位感兴趣的听众问道。

达巴希尔回答说："只要有决心，就能找到出路。

"我现在有了决心，所以我开始想办法了。首先，我拜访了我的每一位债主，乞求他们的宽恕，并承诺我一定会把债务还清的。他们中的大多数人见到我都感到很高兴。有几个人辱骂了我，但其他人却表示愿意帮助我。有一个人确实为我提供了我所需要的帮助——他就是黄金放贷人马顿。

"在得知我在叙利亚是个负责牵骆驼的侍者后，他把我送到骆驼商人老内巴图尔那里，他刚刚受到我们仁慈的国王陛下的委托，要为这次伟大的远征采购很多高质量的骆驼。在他那里，我对骆驼的知识得以良好地应用。渐渐地，我能够偿还每一枚铜币和每一枚银币了。我终于抬起头来了，觉得自己成了一个受到人们尊敬的人。"

达巴希尔再次转向他的食物。"考斯科，你这只蜗牛，"他大声喊道，其声音在后厨也听得到，"食物都凉了。给我多带些刚烤好的肉来。你给我老朋友的儿子塔卡德也带一大块来，他饿了，要和我一起吃。"

古巴比伦骆驼商人达巴希尔的故事就这样结束了。当他领悟到一个伟大的真理时，他找到了自己的灵魂，这个真理早在他那个时代之前就已为智者们所知晓并实践了。

它曾引导各个年龄段的人走出困境，走向成功，对于那些有足够的智慧能理解它的神奇力量的人来说，它将继续这样做。任何读到过关于它的词句的人都可以去使用它。

哪里有决心，哪里就有出路！

第十章

巴比伦的泥板书

圣斯威辛学院

诺丁汉大学

特伦特纽瓦克酒店

诺丁汉

富兰克林·考德威尔教授

英国科学考察队服务中心

希拉，美索不达米亚

1934 年 10 月 21 日

我亲爱的教授：

您最近在巴比伦废墟中挖掘出的五块泥板与您的信一起乘着同一艘船到了。我被这些泥板书深深吸引，于是愉快地花了许多时间去翻译上面刻的文字。我本应立即回复您的信，但我想等我完成泥板书的翻译后将译文一并附上，所以就耽搁了。

由于您谨慎地使用了防腐剂并对它们进行了良好的包装，这些泥板书到达时没有损坏。

我想您会感到惊讶的，就像我们在实验室里读到这些泥板书所讲述的故事时一样。人们总是预期会听到一些关于那朦胧而遥远的过往的浪漫冒险故事，如《天方夜谭》之类的，你知道的。但与我们的预期相反，这些泥板书却记录了一个名叫达巴希尔的人在偿还债务时所遇到的问题。这让我们意识到，五千年来，这个古老的世界所发生的变化并不像人们想象的那么大。

你知道，这很奇怪，但正如学生们所说，这些古老的泥板书让我"愤怒"。作为一名大学教授，我应该是一个有思想的人，具备与我工作相关的大多数学科的知识。然而，这个老家伙却从布满灰尘的巴比伦废墟中走了出来，向我们展示了一种我从未听说过的还债方式，同时他还获得了在其钱包里叮当作响的金子。

这种方式在今天是否会像在古巴比伦时代一样有效呢？我有一个有趣的想法，我想去证明一下。什鲁斯伯里太太和我正计划在我们的个人事务上尝试使用泥板书上的方法，这可能会让情况有很大改善。

您从事的这项事业是非常有价值的，我真诚地祝愿您好运！我热切地期望能再有机会去帮助您！

阿尔弗雷德·H. 舍斯伯里

考古系

第一号泥板书

现在，当月刚满的时候，我达巴希尔刚刚从叙利亚的奴役中逃回来，决心偿还我欠下的许多债务，成为一个在我的家乡巴比伦受人尊敬的人。这块泥板上刻下的是那些指导和帮助我实现我的崇高愿望的事。

在我的好朋友黄金放贷人马顿的明智建议下，我决心遵循一个确切的计划。他说这个计划将能使任何一个正直的人摆脱债务，走向富裕并获得自尊。这个计划包括我所渴望能实现的三个目标。

第一，这个计划需要能为我未来的发迹做准备。我需要把所得的收入的十分之一留存出来。因为马顿曾充满智慧地说："对于一个人来说，把不需要花的金银都藏在钱包里既是在为其家庭着想，也是在为其国王尽忠。一个人若是囊中无物，这不但对他自己的家庭不好，也是对国王的不忠，这样的人自己的内心也痛苦。因此，一个人若是希望成功，他的钱包里必须有叮当作响的钱币，他的心中必须有对家庭的爱和对国王的忠诚。"

第二，这个计划规定了我要供养我的贤妻，给她买衣服，她已经从她父亲的家里忠诚地回到了我身边。因为马顿曾说过，好好照顾一个忠实的妻子会使一个男人的内心充满自尊，并为他增添去实现目标的力量和决心。

因此，我收入的十分之七将用来供养一个家，一些钱用来买衣服和食物，还要有一点儿额外的娱乐开销，以使我们的生活不缺乏乐趣和享受。但马顿还要求我要尽最大努力把这些花费控制在我收入的十分之七以内。这就是该计划的成功之处。

我必须只依靠这一部分钱来生活，决不使用更多的钱，我买任何东西都不能超出这个限制。

第二号泥板书

第三，该计划规定我必须从我的收入中拿出一部分用来偿还我的债务。因此，每当月圆之时，我所赚的一切收入的十分之二将用来还债，这些收入将在那些曾经信任过我的债主之间进行体面而公平的分配。

因此，我所有的债务都一定会在适当的时候得到偿还的。因此，我要在这里刻下每一个曾借给我钱的人的名字以及我欠他们的真实债务数额：

法赫鲁，织布工，两枚银币，六枚铜币。

辛加，沙发制造商，一枚银币。

艾哈迈尔，我的朋友，三枚银币，一枚铜币。

赞卡尔，我的朋友，四枚银币，七枚铜币。

阿斯卡米尔，我的朋友，一枚银币，三枚铜币。

哈运瑟，珠宝商，六枚银币，两枚铜币。

迪亚贝克，我父亲的朋友，四枚银币，一枚铜币。

阿卡德，房产所有者，十四枚银币。

马顿，黄金放贷人，九枚银币。

泊莱克，农民，一枚银币，七枚铜币。

（从此处开始断开了，此后的内容无法辨认。）

第三号泥板书

我总共欠这些债主一百一十九枚银币和一百四十一枚铜币。因为我当初确实欠了这些钱，而且觉得没有办法偿还了，所以我愚蠢地允许我的妻子回到她父亲的身边，自己独自离开了我的家乡，想到别处去寻找轻松致富的方法，结果却发现自己大难临头，居然被卖去做了堕落的奴隶。

如今马顿向我展示了该如何用我的少量收入去偿还债务，我才意识到自己当初去躲避自己因挥霍无度所欠下的债务的行为是多么愚蠢。从而，我拜访了我的债权人们，我向他们解释说，除了挣钱的能力之外，我什么资源都没有，我打算将我所有收入的十分之二用于还债，这些钱将被在他们之间平均而诚实地进行分配。我只能付得起这么多，再多真没有了。因此，如果他们有耐心，我欠的债务将会全额偿付。

艾哈迈尔，我曾认为他是我最好的朋友，但是他痛骂了我，我则丢下他尴尬地走了。农民泊莱克恳求我先付钱给他，因为他急需这些钱的帮助。房产所有者阿卡德确实很令人讨厌，他坚持说，除非我能很快把钱如数还给他，否则他会让我好看的。

其余的人都欣然接受了我的建议。因此，我比以往任何时候都更有决心坚持下去，因为我确信，去偿还一个人欠下的债务比逃避债务更容易。即使我不能满足少数债主的需要和要求，我还是会公正地对待所有人。

第四号泥板书

月亮又圆了。我怀揣着一颗自由的心一直在努力工作。我的贤妻对于我偿还债务的打算非常支持。由于我们明智的决心，在过去的一个月里，我帮内巴图尔买下了几只健壮的长腿骆驼，他支付给我十九枚银币。

我根据我的计划对我的收入进行了分配：我将收入的十分之一留出来作为自己的财产，并从收入中拿出十分之七以支付我和我的好妻子的日常开销，把剩下十分之二的钱尽量平均地分给了我的债主们。

我没有遇到艾哈迈尔，只是把钱留给了他的妻子。泊莱克感到很高兴，他还吻了我的手。只有老阿卡德一个人不高兴，他让我必须快点儿全额还钱。对此，我回答说，如果能允许我吃得好并不感到焦虑，我还给他钱的速度会更快一些。其他人都感谢了我，还称赞了我的努力。

在月末时，我的债务减少了近四枚银币，我还额外剩下了两枚银币，这很出人意料。我久久悬着的心得到了一些放松。

又逢满月，我工作很努力，但收效甚微。我几乎没能买到骆驼，只赚了十一枚银币。尽管如此，我和我的贤妻还是坚持了这个计划，但是我们没能买新衣服，几乎天天只吃一些菜来充饥。

我又把这十一枚银币的十分之一留给了自己，而我们的生活费占十分之七。当我把数额很少的钱偿还给艾哈迈尔的时候，他居然称赞了我，这很令我感到惊讶。泊莱克也称赞了我。阿卡德勃然大怒，但当我告知他如果他不愿意收的话，我就把他的那份收回时，他与我和解了。其他人和以前一样，还是感到很满足。

月又满了。我感到非常高兴，因为我找到了一大群骆驼，并买了其中许多健康的好骆驼，因此我收入了四十二枚银币。这个月，我和妻子买了急需的凉鞋和衣服，我们还吃了很多红肉和家禽肉。

我已经向债主们支付了超过八枚银币了。这一次就连阿卡德都没有抗议。

计划是多么伟大呀！因为它能引导我们摆脱债务，给我们带来属于我们自己的财富。

自从我上次在这块泥板上刻字以来，月亮已经圆了三次了。每一次，我给自己的酬劳都是我全部收入的十分之一。每一次，我和我的贤妻都用我收入的十分之七来过日子，尽管有时生活得很艰难。每一次，我都会把收入的十分之二付给我的债主们。

在我的钱包里，我现在有属于我自己的二十一枚银币。这些钱使我能抬起头来做人，使我能自豪地与我的朋友们来往。我妻子把我们的家打理得井井有条，她的穿着也很得体。我们很快乐地生活在一起。

这个计划有着不可估量的价值。它不是把一个曾经是奴隶的人变成了一个可敬的人吗？

第五号泥板书

月亮又一次变圆了，我记得我很久没有在泥板上刻过字了。十二轮满月来了又走，但今天我是不会疏于记录的，因为就在今天，我还清了我的最后一笔债务。就在今天，为了庆祝我们决心的达成，我的贤妻和心怀感激的我一同享受了一顿丰盛的晚宴。

在我最后一次拜访我的债主们时，发生了许多将让我永远铭记的事情。艾哈迈尔恳求我原谅他说的那些不友好的话，并说我是他最渴望能交到的朋友之一。

老阿卡德也没有那么坏，因为他说："你曾经是一块软黏土，任何一只接触你的手都可以肆意地压你捏你，但现在你变成了一块青铜，那只手只能握着你的一个边缘。如果你需要银子或金子，随时来找我吧。"

他不是唯一一个给予我高度尊敬的人，许多其他人也都恭敬地对我说话。

我的好妻子用一种能使男人焕发出自信的眼神看着我。

然而，正是这个计划使我成功了。它使我能够还清我所有的债务，并让我的钱包里面装满了叮当作响的金银。我想向所有希望取得成功的人推荐它。因为如果它真的能让一个从前的奴隶还清债务，并让他的钱包里能装有金子，那它岂不是能帮助任何人独立吗？我自己也没有就此停止我的计划，因为我确信，如果我进一步去实施这个计划，它将使我成为社会中的富人。

圣斯威辛学院

诺丁汉大学

特伦特纽瓦克酒店

诺丁汉

富兰克林·考德威尔教授

英国科学考察队服务中心

希拉，美索不达米亚

1936 年 11 月 7 日

亲爱的教授：

在进一步对巴比伦废墟进行发掘的过程中，要是您遇到一个前居民——一位名叫达希尔的骆驼商人的鬼魂，请帮我一个忙，告诉他，他很久以前在这些泥板上刻下的文字为他赢得了英国的几位大学生终生对他的感激。

您可能还记得两年前我写过一封信，说什鲁斯伯里太太和我打算去实践一下她提出的计划，目的是摆脱债务，同时让黄金变得叮当作响。您可能已经猜到了，当时我们的处境很绝望，我们试图对我们的朋友们隐瞒情况。

多年来，我们因大量的旧债而蒙受了巨大的耻辱，并且担心一些商人可能会发布丑闻，迫使我离开大学。我们还了又还——把能挤出的每一个先令都拿去还债了——但还是几乎不足以维持收支平衡。此外，我们还不得不以更高的成本去贷更多的钱去购物。

它发展成一种恶性循环，一切非但没有好转，反而恶化了。我们的挣扎变得越来越没有希望了。我们不能搬到更廉价的房间，因为我们欠房东的钱。我们似乎没有办法改善我们的状况。

然后，您的熟人——那位来自巴比伦的骆驼商人——带着他的计划来了，这个计划是让我们去做我们想做的事情。他兴高采烈地鼓励我们去遵循他的方法。

我们列了一张清单，上面记载了我们所有的债务。之后，我把它拿去给我们所有的债权人看。

我向他们解释了我为何无法按照目前的方式向他们继续进行付款。他们可以很容易就从我偿债的数额中看出这一点。然后我解释说，我看到要是我想全额付清欠款，唯一方法是我每月留出我收入的百分之二十并按比例在债权人之间进行分配。这样一来，我将能在两年多一点儿的时间内全额付清欠款。同时，我将以现金形式给他们支付一定的利息，从而使他们获得更多好处。

他们真的很体面。我们的蔬菜水果供应商——一个聪明的老家伙——他认为这是一个有助于还钱的方式："如果你把你买东西的钱都付了，然后再还一些你欠的钱，这要好于你现在做的事，因为你已经三年都没有还清过一笔账了。"

最后，我让他们所有人都把名字签在了一份协议上，上面规定只要我每个月将收入的百分之二十定期支付给他们，他们就不得骚扰我们。

随后，我们开始筹划如何能依靠那百分之七十的收入来生活。我们决定把那额外百分之十的收入留存下来作为积蓄，有朝一日好让我们的钱包也叮当作响——里面有银子，可能还有金子——这是最诱人的。

做出这样的改变就像是在做一次冒险。能找到这样的方法令我们感到很高兴，我们用还债后剩下那百分之七十的收入过着舒适的生活。我们从租金开始，设法把它降到了合理的价格。接下来，我们开始怀疑起我们最喜欢的茶叶品牌，并惊讶于这样一个事实——我们其实经常能以更低的成本购买到更优质的茶叶。

对于一封信来说，这个故事太长了，但不管怎样，这样做并不难。我们成功了，而且对此很感动、很高兴。事实证明，使我们的事务处于这样一种状态是多么令人感到宽慰啊，我们再也不会受到逾期账款的迫害了。

然而，有一点我不该忽视，我想和您讲讲我本来打算留出来作为积蓄的那十分之一收入。嗯，一段时间后，我们确实有了属于自己的积蓄。现在别笑得太早。你看，这才是最令人感到高兴的部分。开始把你不想花出去的钱攒起来，这才是真正的乐趣所在。

攒钱比花钱更能令人愉快。

在我们心满意足地拥有了一些积蓄后，我们为我们的积蓄找到了一个能带来更多收益的用途。我们用每月留下来的那百分之十的收入进行了一项投资。事实证明，在我们开启新生活的过程中，这是最令人满意的部分。这也是我用支票所支付的第一笔款项。

在得知我们的投资正在稳步增长后，我的心中充盈着一种非常令人欣慰的安全感。到我结束我的教书生涯时，这应该会是一笔可观的款项。这么一大笔钱足以让我们之后的生活过得衣食无忧了。

这令人难以置信，但绝对真实地发生了。我们所有的债务都在被逐步偿还，我们的投资获利也在增加。此外，我们的经济状况比以前更有起色了。谁会相信在财务上遵循计划和随波逐流之间竟会有如此之大的区别。

到明年年底，我们所有的旧账单就都会付清了。到那时，我们不但能额外拿出一些钱用来旅行，还能有更多的钱用来做投资。

我们决不允许生活开支超过收入的百分之七十。现在您可以理解为什么我们要向给我们提供了这个计划的那位老人表达感激之情了吧，他的计划把我们从"人间地狱"中解救了出来。

他很清楚，他也经历过这一切。他希望别人能从他自己的痛苦经历中获益。这就是他要花几个小时在泥板上刻字的原因。他向其他受害者传达了一条重要的信息——在五千年后，这条信息又被从巴比伦的废墟中发掘出来，而它的重要性和真实性还是像它当年被埋藏时一样。

阿尔弗雷德·H. 舍斯伯里

考古系

第十一章
工作与回报

　　巴比伦的商人王子沙鲁·纳达骑着马骄傲地走在商队的前面。他喜欢穿用上等布料做成的华丽长袍。他喜欢漂亮的坐骑，并总是轻松地骑在精神饱满的阿拉伯种马上。人们看着他，几乎猜不到他其实年事已高。当然，人们也不会怀疑他实际上内心是不安的。

　　他们从大马士革出发，踏上了漫长的旅途。他们会在沙漠中遇到很多困难，但沙鲁·纳达却不介意。

　　凶猛的阿拉伯部落急切地想要劫掠那些富有的商队。对此，他并不担心，因为他带了许多支护卫队，这些护卫队能使他得到保护。

　　一个他从大马士革带来的青年就在他的旁边，这个青年看起来有些局促不安。他名叫哈丹·古拉，他是沙

161

鲁·纳达前些年的搭档阿拉德·古拉的孙子。沙鲁·纳达觉得自己欠阿拉德·古拉一笔永远都无法还清的人情债。他想为其孙子做点儿什么，但是他越考虑这个问题，似乎就越觉得这是一件很困难的事，原因出在这个年轻人身上。

看着那个年轻人所佩戴的戒指和耳环，沙鲁·纳达心想，他竟然会认为珠宝是给男人佩戴的，但他却有着一张如他祖父一般阳刚的脸。他的祖父可从来都没有穿过那样华而不实的长袍。然而，我找到他并把他带出来，是希望能帮助他开启一番属于自己的事业，从而摆脱他父亲败光家产给他带来的影响。

哈丹·古拉打断了他的思绪："您为什么要这么辛苦地工作，总是和您的商队一起长途跋涉呢？您从来没有花时间去享受过生活吗？"

沙鲁·纳达笑了。"享受生活？"他重复道，"如果你是沙鲁·纳达，你会怎样享受生活呢？"

"如果我有和你一样多的财富，我会过着王子般的生活。我决不会骑着马去穿越那炎热的沙漠，我会尽可能快地把钱都花掉，我会穿上最华丽的长袍，戴上最珍贵的珠宝。我喜欢过那种生活，那样才算没白活一场。"

话毕，两个人都笑了。

"你祖父可没戴过珠宝，"沙鲁·纳达想都没想就脱口而出，然后谐谑地继续说，"你会不给工作留时间吗？"

"工作都是留给奴隶们去做的。"哈丹·古拉回答说。

沙鲁·纳达咬了咬嘴唇，但没有作声。他静静地骑着马，直到小路把他们引到斜坡上。

他在此处勒住马缰，指着远处的绿色山谷说："看，那里有山谷。往下看，你可以隐约看到巴比伦的城墙。那座塔就是贝尔神庙。如果你的视力很好，你甚至可以看到那山顶上的永恒之火的烟雾。"

"那就是巴比伦？我一直渴望能看到那座世界上最富有的城市，"哈丹·古拉评论道，"巴比伦是我祖父发迹的地方。要是他还活着就好了，我们就不会有这么大的压力了。"

"为什么你会希望他的灵魂在地球上逗留的时间超过规定的时间呢？你和你父亲都可以继续做好他的工作。"

"唉，我们都没有他的天赋。父亲和我都不知道他吸引金币的秘诀。"

沙鲁·纳达没再说什么，他勒了勒他的坐骑的缰绳，若有所思地沿着小路向山谷那边骑去。商队就跟在他们的后面，扬起一片泛着微红的尘土。过了一段时间，他们到达了国王大道，随后向南转弯穿过一片正在被灌溉的农场。

三个在田里犁地的老人引起了沙鲁·纳达的注意。他们彼此之间似乎非常熟悉。

真荒谬！一个人在四十年前路过一片田地时曾遇到过一些在耕地的农民，四十年后，他又在同样的地点看到了同样的人在耕地，这怎么可能呢？然而，沙鲁·纳达内心的某样东西却在对他说他们确实就是当年的那些人。那些农民中的一个人握着犁，握得不是很稳；其他人则在牛的一旁吃力地走着，徒劳无功用他们的木棍敲打着牛，好让它们继续拉犁。

四十年前，他曾羡慕过这些人！他当年想，要是能和他们互换身份，他该会多么高兴啊！可是，今非昔比了。他自豪地回头看了看他的随行车队，那些精心挑选的骆驼和驴满载着从大马士革运来的贵重货物。而这一切只不过是他众多财产的一部分。

他指着那些犁地的人对哈丹·古拉说:"他们在四十年前就在犁这块地。"

"他们看起来可能像是当年您所看到的那些人,但您怎么能确定呢?"

"我在那里看到他们了。"沙鲁·纳达回答。回忆在他的脑海里飞快地闪过。

为什么他不能埋葬过去,活在当下呢?然后,阿拉德·古拉的笑脸浮现在他的眼前。他和身边那个愤世嫉俗的年轻人之间的隔阂因此而消失了。

然而,这个骄傲自大的年轻人满是挥霍享乐的思想,手上还戴满了珠宝,他该如何去帮助这样一个人呢?

虽然他有大量工作可以交给一些愿意工作的人来干,但是对于哈丹·古拉这样的认为自己太优秀而不屑于工作的人来说,他就不知道该怎么办了。然而,他欠阿拉德·古拉的,他需要为他做些实事,而不仅是三心二意地尝试一下。他和阿拉德·古拉从来都不会如此行事,他们不是那种人。

一个计划忽然闪现,却被他自己反驳了。他必须考虑自己的家庭和自己的地位。这个计划将是残忍的,会带来伤痛。但作为一个做决策时斩钉截铁的人，他放弃了反对这个计划的想法，决定采取行动。

"你有兴趣听听你可敬的祖父和我是如何成为合作伙伴并且共同获得了可观的利润的吗？"他问道。

"为什么不给我讲讲你们是怎么赚来黄金锡克尔的呢？这就是全部我所需要知道的。"年轻人回避了他的问题并说道。

沙鲁·纳达无视了他的回答，继续说："我们和那些人一样，是从犁地开始的。那时我不比你大。当靠近正在耕地的那队人时，善良的老农民梅吉多嘲笑起他们用鞋犁地的方式。我就被拴在梅吉多的旁边。他抗议道：'看看那些懒惰的家伙，执犁的人不努力深犁，赶牛的人都没能让牛在犁沟里。他们耕地耕得这么差，又怎么能指望获得好收成呢？'"

"您说梅吉多与您拴在一起吗？"哈丹·古拉惊讶地问道。

"是的，我们脖子上都戴着青铜项圈，这两个项圈被一条很重的链子拴在一起。他另一边是偷羊贼扎巴多。我是在哈伦认识他的。最后是一个我们称之为'海盗'的人，因为他没有告诉我们他的名字。我们判断他是个

166

水手，因为他胸前的蛇文身在水手中很流行。我们四人并肩行走，组成一队。"

"您像奴隶一样被锁链锁住了吗？"哈丹·古拉怀疑地问道。

"你祖父没有告诉你我曾经是个奴隶吗？"

"他经常提到您，但从未透露过这一点。"

"他是一个你可以信任的人，他会帮你保守你内心深处的秘密。你也是一个我可以信任的人，对吗？"沙鲁·纳达直视着年轻人的眼睛。

"您可以相信我，我会守口如瓶，但我感到很惊讶。请告诉我您是怎么变成奴隶的。"

沙鲁·纳达耸了耸肩："任何人都可能发现自己成了奴隶。给我带来灾难的是一家赌场和大麦啤酒。我弟弟的轻率行为使我成了受害者。在一次斗殴中，他杀死了他的朋友。我不顾一切地想阻止我弟弟被依法起诉，于是我被押在死者的遗孀那里当人质，直到家里筹到钱赔偿她。后来我父亲没能筹到足够的银子来解救我，那个寡妇一气之下把我卖给了奴隶贩子。"

"多么可耻和不公正啊！"哈丹·古拉抗议道，"但是告诉我，您是怎样获得自由的呢？"

"我会谈到的，不过得过一会儿，让我们继续听我的故事吧。当我们路过的时候，耕地的那些人开始嘲笑我们。他们其中一个人确实摘下了他那顶破帽子并鞠了一躬，喊道：'欢迎来到巴比伦，国王的客人们。他在城楼上等诸位呢，并且摆好了宴席，有泥砖和洋葱汤。'随后，他们都大声笑起来。

"海盗勃然大怒，狠狠地咒骂了他们。我问他：'那些人说的国王在城楼上等我们是什么意思呀？'

"'意思就是你会一直往城墙那边扛砖头，直到你的背部骨折了。也许，在你的背部骨折之前，你就已经被他们打死了。我不会让他们打我的，我会杀了他们。'

"然后，梅吉多说：'我觉得说主人会把心甘情愿辛勤劳动的奴隶打死是没有道理的。主人喜欢好的奴隶，而且会善待他们。'

"'谁想努力工作？'扎巴多评论道，'那些耕地的人都是聪明人。他们是不会伤到自己的脊背的，却装作已经竭尽全力了。'

"'你不能靠偷懒而获得成功，'梅吉多抗议道，'如果你在一天中耕了一公顷的地，那就很卖力了，任何一位主人都会清楚这一点的。但是，要是你只耕了半公顷，那就是偷懒。我不偷懒，我喜欢把工作干好，因为工作是我认识的最好的朋友。所有我所拥有好东西都是它给我带来的，我的农场、奶牛和庄稼，所有这一切。'

"'是的，那这些东西现在在哪里呢？'扎巴多嘲讽道。

"'我认为靠智慧而不是靠劳作过日子会更划算。你看扎巴多，如果我们被卖去为修筑城墙服务，他会选择去背水袋或者做一些简单的工作，而你这个喜欢工作的人则会去背砖头，从而压断你的脊背。'海盗傻笑了起来。

"那天晚上我感到恐惧。我无法入睡。我挤在警戒线附近，当其他人睡着的时候，我引起了站第一班岗的看守戈多佐的注意。他是那些强盗阿拉伯人中的一员，像他那种流氓，如果他抢了你的钱包，他会认为他也必须割断你的喉咙。

"'告诉我，戈多佐，'我低声说，'我们到了巴比伦后会被卖去修城墙吗？'

"'为什么想知道？'他谨慎地问。

"'你难道不明白吗？'我恳求道，'我还很年轻，我想活下去。我不想在修城墙的时候被工作累死或被打死。

我有机会找到一个好主人吗？'

"他小声回答说：'我告诉你一件事。你这个好小伙子，别给戈多佐添麻烦。大多数时候我们都先去奴隶市场。现在听着，当买主过来的时候，你就告诉他们你是个好工人，喜欢为好主人努力工作，让他们想买下你。你要是不能让他们买下你，第二天你就要去扛砖头了。那可能是非常辛苦的工作。'

"他走后，我躺在温暖的沙滩上，仰望着群星，思考着工作的事。梅吉多说工作是他最好的朋友，这让我怀疑，工作是否也是我最好的朋友呢？如果它能帮我摆脱这一困境，那当然是。

"当梅吉多醒来时，我把我的好消息低声告诉了他。我们接着向巴比伦行进，而这个消息给了我们一线希望。傍晚，我们走到城墙附近，看到一排一排的人像黑蚂蚁一样，沿着陡峭的斜路爬上爬下。当我们走得更近时，我们惊呆了，成千上万的人正在工作：有些人在壕沟里挖土，其他人把泥土混在一起制作成泥砖。大多数人在用一些大篮子把砖块运上陡峭的小路，送到砖瓦匠那里。

"监工们咒骂那些落后的人，并在那些掉队的人的背上狠狠地抽着牛鞭。有些可怜的、精疲力竭的人摇摇晃晃地倒在了沉重的篮子下面，再也无法站起来。如果鞭子不能把他们抽起来的话，他们就会被推到路边，并被扔在那儿，任凭他们痛苦地扭动着。很快他们就会被拖到路边与其他懦弱的尸体会合，等待他们的将是乱坟岗。当我看到那可怕的景象时，我开始浑身发抖。因此，如果我父亲的儿子没能在奴隶市场上被顺利卖掉，等待他的将是这样的下场。

"戈多佐是对的。我们进入城门后就被带到了奴隶监狱，第二天早上又被带到了市场的围栏里。在这里，其他人都因恐惧而蜷缩着，押解我们的警卫向他们抽着鞭子，只有这样他们才会移动，从而好让买家验货。①梅吉多和我本人都急切地与每一个允许我们向他致意的人交谈。

"奴隶贩子带来了国王卫队的士兵，他们给海盗戴

---

① 古巴比伦包括城墙、寺庙、空中花园和运河在内的著名建筑都是由奴隶劳工（主要是战俘）建造的，这也解释了为什么这些劳工会受到如此非人的待遇。这些劳动力中也有许多原先是巴比伦及其他地区的公民，因犯罪或经济困难而被贩卖掉从而成为奴隶。男人会把自己、妻子或孩子作为人质，以保证他会偿还贷款、履行法律判决或其他义务，这是一种很普遍的习俗。在违约的情况下，这些人质会被当作奴隶卖掉。

上了脚镣，当海盗反抗时，他们残忍地殴打了他。当他们把海盗带走时，我为他感到难过。

"梅吉多觉得我们很快就要分开了。当没有买家在附近的时候，他认真地向我解释了工作对我来说的重要价值：'有些人讨厌工作。他们把它当作敌人。然而，你最好把它当作朋友来看待，让自己喜欢它。不要因为它很难而介意。一想到你建了一栋这么好的房子，谁会在乎这些梁是否很重，它是否离水井很远，从而送水和泥很困难？答应我，孩子，如果你找到了一个主人，你要尽你所能为他工作。要是他不欣赏你所做的一切，那也没关系。记住，工作做得好对做工作的人来说是有好处的。这会使他成为一个更好的人。'说到这儿，他停了下来，因为一个身材魁梧的农民来到我们的围墙前。他停下了脚步，打量着我们。

"梅吉多向他询问了他的农场和庄稼，很快他就让那个农民相信他是一个有价值的人。在与奴隶贩子进行了一番激烈地讨价还价后，农民从他的长袍下掏出一个鼓鼓的钱包，很快梅吉多就跟着他的新主人消失在我的视线里。

"等他们走后，我躺在温暖的沙子上，望着群星，又开始了对工作的思考。

　　"早上还有几个人被卖掉了。中午，戈多佐向我吐露说，奴隶贩子感到很厌倦，他不会再多待一晚了，他会在日落时把剩下的人都带到国王派来的买主那里。当一个胖胖的、和蔼可亲的人走到墙边来询问我们中间是否有人会烤面包时，我感到了绝望。

　　"我走近他并说道：'像您这样一个好面包师为什么还要另找一个差面包师呢？您把您那熟练的技能教给像我这样一个愿意学习的人难道不是很容易吗？您看看我，我年轻强壮，还喜欢工作。给我一个机会吧，我会尽我所能为您的钱包赚取黄金白银的。'

　　"我强烈的意愿给他留下了深刻的印象，于是他开始与奴隶贩子讨价还价。那个奴隶贩子在买了我之后从未注意过我，但现在他却对我的能力、健康状况和良好的性格开始大谈特谈起来。我感觉自己就像是一头被卖给了屠夫的肥牛。最后，令我非常高兴的是，交易达成了。最终，我跟着我的新主人走了，我觉得我是巴比伦最幸运的人。

　　"我的新家很合我的意。我的主人那那·奈德教我如何在院子里的石碗里磨大麦，如何在烤箱里生火，以及如何为蜂蜜蛋糕磨细芝麻粉。我在他们用来储藏谷物的棚子里有一张属于自己的沙发。老奴隶管家斯瓦斯蒂总是给我带来一些好吃的,我也总是帮助她完成一些繁重的任务,她对此感到很高兴。

"我终于等到了一个我渴望的机会,它能让我的主人相信我是有价值的,我希望它甚至能帮我找到一种方式去赢得自由。

"我请那那·奈德教我如何揉面团和烘焙。他这样做了,并且对于我的学习意愿感到非常高兴。后来,当我能做好这件事时,我请他教我如何做蜂蜜蛋糕,很快我就开始做所有的烘焙工作了。我的主人很高兴自己能闲下来,但斯瓦斯蒂却摇摇头表示不赞成:'什么工作也不做对任何人来说都是有害的。'她解释说。

"我觉得是时候想出一种能让我开始挣钱的方式,从而帮我赎回自己的自由了。由于烘焙工作在中午就结束了,我想如果我能在下午找到一份能赚钱的工作并把我的收入和那那·奈德分享,他会同意的。接着我想到,为什么不烤出更多的蜂蜜蛋糕,然后把它们拿去卖给那些城市街道上饿了的人呢?

"于是,我以以下方式向那那·奈德介绍了我的计划：'如果我能在结束烘焙工作后利用下午的时间为您挣些钱币，您能也分给我一些收入吗？好让我自己也有些钱去买每个人都渴望和需要的东西，您看这样做公平吗？'

"'很公平，很公平。'他表示认可。当我告诉他我打算去兜售我们的蜂蜜蛋糕时，他非常高兴。'我们就该这么做，'他建议道，'你以一分钱两个的价格卖，那么所卖的钱的一半儿要给我，作为我提供的面粉、蜂蜜和烘烤它们的木材的成本补偿。扣除成本后剩余的钱，我们将一人一半。'

"对于他慷慨的提议，我感到非常高兴——我居然能为自己保留销售额的四分之一作为酬劳。

"那天晚上，我工作到很晚才做了一个托盘来展示那些蛋糕。那那·奈德给了我一件他穿过的长袍，这样可能我看起来会像样一些，斯瓦斯蒂帮我把它补好并清洗干净。

"第二天，我又多烤了一些蜂蜜蛋糕。我沿街走着，大声叫卖着我的商品，托盘上的蜂蜜蛋糕看起来是棕色的，很诱人。起初似乎没有人感兴趣，我感到很沮丧。我继续叫卖着，等到傍晚的时候，人们饿了，于是蛋糕开始能卖出去了，并且很快我的托盘就空了。

"那那·奈德对我的成功感到非常高兴，并愉快地把他答应留给我的那份钱付给了我。能拥有属于自己的钱让我高兴极了。梅吉多说得对，主人会欣赏好好干活儿的奴隶们的。

"那天晚上，我为自己的成功而兴奋不已，几乎无法入睡。我试图计算出自己一年能挣多少钱，以及我需要多少年才能为自己赎回自由。

"我每天都带着一盘蛋糕出门，很快我就找到了固定的顾客，而其中一位正是你的祖父阿拉德·古拉。他是一位地毯商人，他从城市的一端走到另一端把地毯卖给家庭主妇们。他带着一头驮着地毯的驴子和一名负责照看驴子的黑奴。他每天都会给自己买两块蛋糕，也会给他的奴隶买两块，他们在吃东西的时候总会和我聊上一会儿。

"有一天，你祖父对我说了一句我永远不会忘记的话。他对我说：'我喜欢你的蛋糕，孩子，但我更喜欢你卖它们的经营方式。这种精神能使你在通往成功的道路上走得更远。'

"但是，哈丹·古拉，你怎么能理解这样一句鼓励的话对一个身为奴隶的男孩来说意味着什么呢？他孤独地生活在一个大城市里，竭尽全力为摆脱屈辱而挣扎着。

"几个月过去了，钱币被源源不断地塞进我的钱包里。我把钱包系在我的腰带上，它的重量开始让我感到欣慰。正如梅吉多所说，工作是我最好的朋友。我很高兴，但斯瓦斯蒂却很担心。

"'你的主人，我真怕他在赌场待太久。'她带着反对的腔调说道。

"有一天，我在街上见到了我的朋友梅吉多，我感到欣喜若狂。他正带着三头驮着蔬菜的驴去市场。'我干得非常好，'他说，'我的主人非常欣赏我的出色工作，因此我现在成了一名工头。看，他确实信任我，把去集市的工作交给我，而且他还派人去接我的家人了。工作正在帮助我摆脱困境。总有一天，它会帮助我赎回自由的，我会再次拥有属于自己的农场。'

"时间一天天过去，那那·奈德越来越急切地盼望我卖货归来。我回来时，他会等在那里，急切地过来数我们将要分配的那些钱。他还会敦促我去扩展更多的市场，增加销售量。

"我经常到城门外去和那些负责看管修建城奴隶的

监工打交道。虽然我不喜欢回到那个令人不愉快的地方，但我发现监工们都是我很好的主顾。有一天，我惊讶地看到扎巴多正在排队等着用砖头装满他的篮子。他瘦削、佝偻，背上布满了被监工用皮鞭抽打出的伤痕。我为他感到难过。我递给他一块蛋糕，他像一只饥饿的动物一样把蛋糕塞进嘴里。我看到了他那贪婪的眼神，于是我在他还没来得及抓到我的盘子之前就跑了。

"'你为什么要这么努力工作？'有一天，阿拉德·古拉对我说。几乎和你今天问我的问题一样，你还记得吗？我给他讲了梅吉多对工作的看法，以及工作是如何成为我最好的朋友的。我自豪地向他展示了我的钱包，并解释了我是如何存钱的，我的目的是要赎回自由。

"'当你自由了，你会做什么？'他问道。

"'到那时候，'我回答说，'我打算当一名商人。'

"听了这话后，他向我吐露了心声。这是我从未怀疑过的。'你不知道，我也曾是一个奴隶。我现在和我的主人是合作伙伴关系了。'"

"别说了，"哈丹·古拉要求道，"我是不会听诽谤我祖父的谎言的。他不是奴隶。"他怒火中烧。

沙鲁·纳达保持着一贯的平静。"我尊敬他，因为

178

他摆脱了自己的不幸，并成了大马士革的显赫公民。你是他的孙子，你们是同一个模子刻出来的吗？你能真正地像个男人去面对事实吗？还是你更喜欢生活在虚假的幻想中？"

哈丹·古拉在马鞍上挺直了身子。他压抑着自己激动的情绪，低声回答说："我的祖父受到大家的爱戴。他的善行数不胜数。当饥荒来临时，他难道没有去埃及用他的金子买粮食吗？他的商队难道没有把那些粮食运到大马士革分发给大家，以免有人挨饿吗？现在您却说他只是巴比伦的一个受人鄙视的奴隶。"

"他要是还是巴比伦的一个奴隶的话，那么他很可能会被鄙视，但当他通过自己的努力在大马士革成为一个伟大的人后，众神确实宽恕了他，并赋予他人们的尊重。"沙鲁·纳达回答说。

"在告诉我他是一个奴隶之后，"沙鲁·纳达继续说，"他向我解释了自己当初是多么渴望能赎回自由。现在他终于有足够的钱能赎回自由了，可他却变得不安起来，不知道该怎么办。他害怕要是自己不再有好的销售业绩，他可能会失去他的主人的支持。

"对于他的瞻前顾后，我表示抗议：'不要再依附于

179

你的主人了。做自由人的感觉多好呀。像自由人一样行事，像自由人一样取得成功！先决定你想要获得什么，然后工作将帮助你让它实现！'他一边继续前行，一边对我说，他很高兴我因为他的怯懦而羞辱了他。

"有一天，我再次走出大门，惊讶地发现有一大群人聚集在那里。当我向一个人询问原因时，他回答说：'你没听说吗？一个杀害了一名国王卫兵的逃跑奴隶被绳之以法了，今天他将因为自己的罪行而在这里被鞭打致死。甚至连国王本人也将来这儿。'

"鞭笞柱周围的人群是如此密集，以至于我害怕走近它，以免我那盘蜂蜜蛋糕被打翻。因此，我爬上了未完工的城墙，越过人们的头顶看过去。我很幸运，当尼布甲尼撒国王乘坐他那金色战车经过时，我看到了他。我从未见过如此壮观的场面，我也从未见过那样由金色的布料和天鹅绒做成的长袍和饰品。

"虽然我能听到那个可怜的奴隶的尖叫声，但我看不到他被鞭笞。我在想，像我们英俊的国王这样高贵的人，怎么会忍心观看如此令人痛苦的场景呢？然而，当我看到他和其他贵族们嬉笑时，我知道他是残忍的，并且明白了为什么他要让奴隶们去做修筑城墙这种不人道的工作。

"那个奴隶死后，他的尸体被一根绑在他腿上的绳子吊在一根杆子上，这样做是为了示众。随着人群的散去，我往近处走了走。在那具尸体毛茸茸的胸膛上，我看到了那个两条蛇缠绕在一起的文身——他居然是海盗。

"我再次见到阿拉德·古拉时，他已经变了一个人。他满怀热情地向我打招呼：'瞧，你所认识的那个奴隶现在是一个自由人了。①你的话中有魔法。我的销售量和利润都在增加。我的妻子欣喜若狂，她是一个自由的女人，是我主人的侄女。她非常希望我们能搬到一个陌生的城市，因为在那里没人会知道我曾经是个奴隶。那样的话，我们的孩子将不会因为他们父亲的不幸而感到羞耻。工作成了我最好的帮手。它让我重新找回了信心和卖货的技能。'

"我也感到欣喜若狂，因为我给他帮了一个小忙，以报答他对我的鼓励。

---

① 古巴比伦的奴隶制度和我们认为的似乎不太一致，它是受到法律的严格规定的。例如，奴隶可以拥有任何种类的财产，甚至是其他归属权不属于他的主人的奴隶。奴隶与非奴隶之间可以自由通婚。自由母亲的子女是自由的。这座城市里的大多数商人都是奴隶，他们中许多人还和他们的主人结成了合作伙伴关系，并靠自己的力量发家致富了。

"一天晚上，斯瓦斯蒂带着深深的痛苦来到我面前："你的主人遇到麻烦了，我很为他担心。他没向放债人还款，这导致那些人很生气并威胁了他。'

"'我们为什么要为他的愚蠢行为而担忧。我们又不是他的守护者。'我言语轻率地回答。

"'无知的年轻人，你不明白。他把你的归属权抵押给了放债人以获得贷款。根据法律，放债人要是收不回钱，他是可以要求取得你的归属权并把你卖掉的。我不知道该怎么办。他是个好主人。为什么会这样？'

"'哦，为什么他会遇到这样的麻烦？'

"斯瓦斯蒂的担心并非毫无根据。第二天早上，当我在烘焙时，放债人带着一个叫萨西的人来了。那个人看了我一眼，并说道：'我觉得可以。'

"放债人没有等我的主人回来，而是让斯瓦斯蒂转告我的主人，是他把我带走了。我只披了一件长袍，腰带上安全地系着装着钱币的钱包，蛋糕还没烤完，就匆匆忙忙地被他带走了。

"当飓风把这棵树从森林中卷走并把它扔进汹涌的大海时，我失去了我那些最美好的希望。再一次，一家赌场和大麦啤酒给我带来了灾难。

"萨西是一个直言不讳、粗暴无礼的人。当他带我穿过城市时，我告诉他我为那那·奈德做了很多工作并做得很好，并告诉他我也希望能为他好好工作。

"他的回答没有鼓励我的意思：'国王让他派我去修建一段大运河。我不喜欢这项工作。我的主人也不喜欢。主人叫我多买些奴隶，努力工作，快点儿竣工。呸，这么一个宏大的工程，哪个人能很快就完成？'

"想象一下，在一片沙漠中，没有一棵树，只有低矮的灌木丛，烈日炎炎，桶里的水热得我们几乎都喝不下去。然后再想象一下，从白天到天黑，一排又一排的人拖着沉重的土筐沿着那松软的、满是灰尘的小道往下走。想象一下，食物被放在敞开的水槽里，我们从那里吃东西的时候就像猪一样。我们没有帐篷，没有用稻草铺的床。这就是我那时的处境。我把我的钱包埋在一个做了标记的地方，不知道是否还能再把它挖出来。

"起初，我一心想好好干活儿，但随着时间的推移，我感到我的精神崩溃了。然后，高烧控制了我疲惫的身体，我失去了食欲，几乎不能吃羊肉和蔬菜。在夜晚，我会陷入令人不愉快的清醒状态。

"在我的苦难中，我在想扎巴多试图逃避工作以及

183

不让自己在工作中受伤的计划难道不是最好的计划吗？之后，我回忆起我最后一次见到他时的场景，从而意识到他的计划并不好。

"我想到了痛苦的海盗，想知道战斗和杀戮是不是合理的。我记忆中他那血淋淋的身体提醒我，他的计划也没有用。

"然后，我想起了我最后一次见到梅吉多的场景。他的双手因辛勤工作而长满了老茧，但他的心情很轻松，脸上也洋溢着幸福。他的计划才是最好的计划。

"然而，我和梅吉多一样愿意工作，甚至他还没有我努力。为什么我的努力工作没有给我带来幸福和成功呢？梅吉多的幸福难道不是工作带给他的吗？还是幸福和成功仅仅都是由众神赋予人们的？难道尽管我余生都在努力工作，我的欲望还是会得不到满足，我也不会获得幸福和成功？所有这一切的问题在我的脑子里七零八落，我找不到答案。事实上，我感到非常困惑。几天后，我似乎已忍无可忍了，我的问题仍未得到解答，这时萨西派人来找我。我的原主人派了一位信使把我带回巴比伦。于是，我挖出了那珍贵的钱包，裹起那破破烂烂的长袍，跟着那位信使起程了。

"当我们骑马走在路上时，那个关于飓风把我刮来刮去的同一个想法又在我发着烧的头脑中不断闪现。我似乎活在来自我家乡哈伦的一首歌中所唱的怪异世界之中：'像飓风一样围困一个人，像风暴一样驱赶他，没有人能猜出他的路能否走通，没有人能预测他的命运。'

"难道我注定要受到这样的惩罚吗？我连因为什么都不知道。有什么新的痛苦和失望在等待着我吗？

"当我们骑马进入我原主人家的院子时，我看到了阿拉德·古拉在那里等我。想象一下，当时我会有多惊讶。他扶我下来，并像拥抱一个失散多年的兄弟一样拥抱了我。

"我们一起走的时候，我准备像奴隶跟着主人一样跟着他，但他不允许我那样做。他搂着我说：'我到处找你。当我几乎不抱有希望的时候，我遇到了斯瓦斯蒂，她给我讲了关于放债人的事，然后把我领到了你高贵的主人那里。在经历了一番强硬的讨价还价后，他确实宰了我一大笔钱，但是你值那个价格。你的处世哲学和经商之道曾激励过我，从而我才取得了如今的成功。'

"'那是梅吉多的哲学，不是我的。'我打断他说。

"'是梅吉多和你的，多亏了你们俩。我们要去大马

185

士革，我需要你来做我的搭档。'

"'瞧，'他喊道，'一会儿你就自由了！'说着他从他的长袍下面拿出了一块泥板，上面刻着我的归属权。他把它举过头顶，然后扔在鹅卵石上，将它摔成了一百来块儿。他兴高采烈地踩踏着那些碎片，直到把它们碾为尘土。

"感激的泪水充盈了我的双眼，我知道我是巴比伦最幸运的人。

"你看，在我最痛苦的时候，工作被证明是我最好的朋友。

"我对于工作的意愿使我得以逃过一劫，没被卖去加入那些修筑城墙的奴隶。这也给你的祖父留下了深刻的印象，他这才选择了我作为他的搭档。"

随后，哈丹·古拉问道："工作是我祖父赚取黄金锡克尔的秘密钥匙吗？"

"当我第一次认识他的时候，这是他唯一的一把钥匙。"沙鲁·纳达回答说。

"你的祖父喜欢工作。众神欣赏他的努力，于是慷慨地奖赏了他。"

"我开始明白了，"哈丹·古拉若有所思地说，"工作帮他吸引了许多朋友，他们钦佩他的勤奋以及勤奋为他所带来的成功。工作给他带来了他在大马士革所享有的至高荣誉。工作给他带来了我觉得好的一切。然而，我却认为工作只适合由奴隶去做。"

沙鲁·纳达评论道："生活中充满了人们可以享受的乐趣，每个人都有属于自己的乐趣。我很高兴工作不仅仅是留给奴隶去做的，要是那样的话，我最大的乐趣将会被剥夺。许多东西都能带给我享受，但没有什么可以代替工作的地位。"

在高耸的城墙投下的阴影之中，沙鲁·纳达和哈丹·古拉骑着马向那巨大的巴比伦青铜城门走去。当他们走近时，门卫们立马察觉到了，他们向这位尊贵的公民敬了礼。沙鲁·纳达昂首挺胸地带领着他那长长的商队穿过城门，并走向城市的街道。

"我一直希望自己能成为一个像我祖父那样的人，"哈丹·古拉向沙鲁·纳达透露了心声，"我以前从未意识到他是个什么样的人。您向我展示了这一点。现在我明白了，我更加钦佩他了，也更加坚定地想要像他一样。我恐怕永远都无法报答您，因为您给了我令他取得成功的那把真正的钥匙。从今天起，我将使用他的钥匙。我将像他一样谦卑地重新开始，这远比那些珠宝和华服更符合我现在的真实状况。"

哈丹·古拉说着便从他的耳朵上取下了珠宝首饰，并从他的手指上摘掉了戒指。

随后，他勒住马的缰绳从而让马后退了一些，带着深深的敬意，他骑马跟在了商队首领的后面。

在喧嚣的世界里,

坚持以匠人心态认认真真打磨每一本书,

坚持为读者提供

有用、有趣、有品位、有价值的阅读。

愿我们在阅读中相知相遇,在阅读中成长蜕变!

好读,只为优质阅读。

富有的方法

策划出品:好读文化　　　　　　监　　制:姚常伟

责任编辑:赵露丹　　　　　　　产品经理:姜晴川

特约编辑:郏梦妮　　　　　　　装帧设计:仙　境

内文制作:鸣阅空间

图书在版编目（CIP）数据

富有的方法 / (美) 乔治·克拉森（George S. Clason）著；金朗译. -- 杭州：浙江教育出版社，2023.7
ISBN 978-7-5722-5192-4

Ⅰ.①富… Ⅱ.①乔… ②金… Ⅲ.①理财-通俗读物 Ⅳ.①F275.6-49

中国国家版本馆CIP数据核字（2023）第 040511 号

责任编辑 赵露丹		**美术编辑** 韩　波	
责任校对 马立改		**责任印务** 时小娟	
产品经理 姜晴川		**特约编辑** 郗梦妮	
营销编辑 陈可心			

富有的方法
FUYOU DE FANGFA

［美］乔治·克拉森 著　金朗 译

出版发行　浙江教育出版社
　　　　　（杭州市天目山路 40 号　电话：0571-85170300-80928）
印　　刷　嘉业印刷（天津）有限公司
开　　本　880mm×1230mm　1/32
成品尺寸　125mm×185mm
印　　张　6.5
字　　数　100千字
版　　次　2023 年 7 月第 1 版
印　　次　2023 年 7 月第 1 次印刷
标准书号　ISBN 978-7-5722-5192-4
定　　价　55.00 元

如发现印装质量问题，影响阅读，请与出版社联系调换。